Patrick Hemminger

Wein an Rhein und Main

Kurze Wege zu guten Tropfen

Herausgegeben in Zusammenarbeit mit dem
AK Tourismus FranfurtRheinMain
c/o Tourismus + Congress GmbH Frankfurt am Main

Alle Rechte vorbehalten · Societäts-Verlag
© 2019 Frankfurter Societäts-Medien GmbH
Satz: Bruno Dorn, Societäts-Verlag
Umschlaggestaltung: Bruno Dorn, Societäts-Verlag
Umschlagabbildung: Fotolia.com & shutterstock.com
Druck und Verarbeitung: CPI books GmbH, Leck
Printed in Germany 2019

ISBN 978-3-95542-328-5

Inhalt

Kurze Wege zum Wein 7
Rund um Frankfurt 9

Frankfurt und der Wein 11
Interview mit Jürgen Rupp 11
Schlemmen und Genießen in Frankfurt 14
Frankfurt und Umgebung entdecken! 18

Rheingau 20
Interview mit Johanna Bächstädt 24
Weingüter, Weine und Winzer 29
Schlemmen und Genießen im Rheingau/Wiesbaden 76
Rheingau/Wiesbaden und Umgebung entdecken! 80

Rheinhessen 84
Interview mit Gert Reis 88
Einzigartige Lage: Die Hundertguldenwinzer 90
Weingüter, Weine und Winzer 98
Schlemmen und Genießen in Rheinhessen/Mainz 106
Rheinhessen/Mainz und Umgebung entdecken! 110

Churfranken im Spessart-Mainland 114
Interview mit Hermann Mengler 117
Weingüter, Weine und Winzer 121
Schlemmen und Genießen im Spessart-Mainland/
Churfranken 128
Spessart-Mainland/Churfranken entdecken! 131

Hessische Bergstraße **132**
Interview mit Patrick Staub & Oliver Schröbel 136
Weingüter, Weine und Winzer 142
Schlemmen und Genießen an der Bergstraße/Darmstadt 147
Hess. Bergstraße/Darmstadt und Umgebung entdecken! 149

Nahe **152**
Weingüter, Weine und Winzer 156
Schlemmen und Genießen an der Nahe 164
Nahe und Umgebung entdecken! 168

Index 172
Ansprechpartner vor Ort...174

Bildnachweis 176

Kurze Wege zum Wein

FrankfurtRheinMain ist eine pulsierende Region. Rund um die Metropole Frankfurt mit ihrem internationalen Flair gruppieren sich geschichtsträchtige Städte wie Mainz und Aschaffenburg oder elegante Heilbäder wie Bad Homburg und Wiesbaden. Urbane Hochhausschluchten der Skyline, mittelalterliche Fachwerk-Altstädte und elegante Jugendstil-Architektur wechseln sich in rascher Folge ab. Die romantischen Flusslandschaften von Rhein und Main sowie die malerischen Wälder und Höhen des Taunus, Vogelsbergs und Spessarts bieten zudem zahlreiche Möglichkeiten, um dem Trubel der Metropolregion zu entfliehen.

Diese vielfältige Region mit ihren individuellen Eigenschaften wird kulinarisch durch ein besonderes Highlight geeint – den Wein. Rund um Frankfurt befinden sich wichtige deutsche Weinbaugebiete wie Rheingau und Rheinhessen, Nahe, Odenwald und hessische Bergstraße sowie die mainfränkischen Anbaugebiete von Alzenau bis Bürgstadt. Im Folgenden wird es weniger darum gehen, die jeweiligen Weinlandschaften und Weinbaubetriebe in ihrer Vollständigkeit abzubilden. Dies können einzelne Führer zu den jeweiligen Regionen viel besser. Der Akzent liegt vielmehr auf kurzen Wegen zu hervorragenden Winzern und Weinen, die von Frankfurt aus in einer guten Stunde zu erreichen sind. Der Kenner möge sich also nicht weiter verwundern, wenn er etwa Qualitätsadressen im rheinhessischen Hügelland vermisst. Herausgeber, Verlag und Autor wollten den Fokus von vornherein auf die Erreichbarkeit hervorragender Adressen legen, die sich kranzförmig um die Region FrankfurtRheinMain gruppieren.

Rund um Frankfurt

Frankfurt am Main hat für Weinfreunde eine einzigartige Lage. Es ist völlig egal, in welche Richtung man sich auf den Weg aus der Stadt macht, innerhalb kurzer Zeit sieht man erste Weinberge, perfekt für Tagesausflüge. Im Westen liegen der touristisch hervorragend erschlossene Rheingau, die abwechslungsreiche Nahe und die sanften Hügel Rheinhessens, im Süden die Bergstraße mit mit ihren zahlreichen Rebsorten, im Osten die Rotweingegend im Spessart-Mainland. Alles Heimatregionen bester deutscher Weine.

Dass Frankfurt zudem über eine eigene Weintradition, ein städtisches Weingut und gar seit 1803 über einen eigenen Weinberg verfügt, wird häufig übersehen. Hier wachsen die Trauben für den „Frankfurter Lohrberger Hang", einen Riesling, von dem rund 10.000 Flaschen jährlich abgefüllt werden. Lassen Sie sich also auf den folgenden Seiten anregen und verführen – zu Ausflügen, Winzern, Straußwirtschaften und Weinen rund um Frankfurt am Main.

Es war von Anfang an klar, dass dieses kleine Buch die Gebiete nicht vollständig würde abbilden können. Da dieses Projekt vom AK Tourismus FrankfurtRheinMain initiiert und unterstützt wird, stehen Weingüter im Vordergrund, die in Gemeinden liegen, die zum Arbeitskreis gehören. In Rheinhessen beschreibe ich deshalb nur den Norden ausführlich. Weitere empfehlenswerte Weingüter finden sich gegebenenfalls jeweils am Ende der Kapitel.

Ich wollte einen guten Querschnitt finden aus Geheimtipps und den großen und berühmten Namen, aus gut und günstig und manchmal auch etwas teurer und exquisiter. Schlussendlich ausschlaggebend, ob ein Betrieb ins Buch kommt, war die Qualität der Weine. Ich habe nur über Weingüter geschrieben, deren Weine ich probiert und für gut befunden habe – vielen Dank an dieser Stelle an jene Betriebe, die mich mit Probeflaschen unterstützt haben.

Die Tipps zu den Freizeitaktivitäten sind bewusst knapp gehalten und sollen als Inspiration dienen, alles andere hätte angesichts der Vielfalt in den Regionen den Rahmen dieses Buches gesprengt. Einen Anspruch auf Vollständigkeit können und wollen sie von daher nicht erheben.

Eine Auswahl an Restauranttipps und kleinen Rezepten zum Wein runden die Kapitel ab, denn die Erfahrung zeigt: Wer Wein macht, legt auch Wert auf gutes Essen. Nun wünsche ich Ihnen viel Freude mit diesem Buch. Lassen Sie sich inspirieren und entdecken Sie genussvolle Landschaften rund um Frankfurt!

Patrick Hemminger, Juli 2019

Frankfurt und der Wein
Interview mit Jürgen Rupp

Jürgen Rupp ist Winzer. Ein besonderer Winzer, denn gemeinsam mit seinem Vater und seiner Frau leitet er das Weingut der Stadt Frankfurt.

Herr Rupp, wie kommt es, dass Frankfurt ein eigenes Weingut besitzt?
Das geht zurück auf ein Karmeliterkloster. Im Zuge der Säkularisierung fiel es 1803 an die Stadt. Die betrieb es lange Zeit selber. 1994 hat es dann mein Vater gepachtet.

Wo liegen Ihre Weinberge?
In Frankfurt bewirtschaften wir den Lohrberger Hang. Das sind 1,3 Hektar Riesling, die mitten im Lohrpark liegen und zum Weinbaugebiet Rheingau gehören.

In einem Park? Da kann also jeder rein?
Im Prinzip schon. Früher war er mit einem Jägerzaun eingezäunt, aber der wurde nach und nach von den Grillern im Park verheizt. Dann hat man eine Hecke rundherum wachsen lassen.

Da bedient sich sicher der eine oder andere an den Trauben …
Da wird einiges gegessen, bis die Lese losgeht. Es ist auch nicht schlimm, wenn jemand ein paar Beeren nascht. Aber manche reißen ganze Trauben ab, probieren zwei, drei Beeren und werfen

den Rest weg. Schwierig wird es auch, wenn Leute die jungen Blätter abmachen für diese türkische und griechische Spezialität, die eingelegten Weinblätter. Ein paar wären kein Problem, aber die tragen sie gleich müllsäckeweise weg.

Haben Sie noch mehr Weinberge?
In Hochheim am Main haben wir 25 Hektar. Dort wachsen vor allem Riesling und Spätburgunder, außerdem Weißburgunder und Chardonnay.

Was für Weine machen Sie?
Vor allem klassischen Rheingauer Riesling — trocken, frisch, jung.

Wo kann man Ihre Weine denn kaufen?
Wir sind eines der ganz wenigen Weingüter, die keinen Verkauf ab Hof haben. Man bekommt die Weine direkt im Römer. Außerdem werden sie bei Empfängen im Kaisersaal oder der Paulskirche ausgeschenkt.

Frankfurt ist umgeben von Weinbaugebieten. Trotzdem wird die Stadt nicht als Weinmetropole wahrgenommen. Woran liegt das?
Die Banken sind in der öffentlichen Wahrnehmung einfach zu stark. Außerdem denken viele, der Apfelwein wäre zuerst hier gewesen. Das stimmt aber nicht. Erst als die Reblaus Ende des 19. Jahrhundert die Weinberge vernichtete, wurden Apfelbäume gepflanzt. Davor gab es in und um die Stadt viele Weinberge. Sogar gegenüber vom Römer gab es eine Kellerei. In Erinnerung an diese Tradition wurde 1910 dann der Lohrberger Hang wieder mit Reben bepflanzt. Deshalb haben wir seit 2017 auch eine eigene Weinkönigin.

Jürgen Rupp

Wo geht man in Frankfurt hin, wenn man Wein erleben will?
Direkt auf dem Lohrberg liegt das Alte Zollhaus. Dort gibt es gehobene Küche und eine große Weinkarte. Auch sehr gut ist Fisch Franke gegenüber vom Römer.

Und was ist außerhalb der Stadt Ihr Tipp? Wo sollte man unbedingt mal gewesen sein?
Ich bin meistens in den Straußwirtschaften des Rheingaus. Sehr gerne mag ich auch den Hofausschank im Innenhof von Schloss Vollrads.

Schlemmen und Genießen in Frankfurt

Gerbermühle – Gerbermühlstraße 105, 60594 Frankfurt,
Telefon: 0 69 / 68 97 77 90, Internet: *www.gerbermuehle.de*,
geöffnet täglich von 11.30 Uhr bis 23 Uhr.
Lieblingstreffpunkt der Frankfurter mit langer Tradition, modernisierter Frankfurter Küche und guten Weinen.

Zur Golden Kron – Alt-Eschersheim 58, 60433 Frankfurt,
Telefon: 0 69 / 26 94 11 74, Internet: *www.goldenkron.de*,
geöffnet dienstags bis samstags von 17 bis 24 Uhr, sonntags von 12 bis 22 Uhr, montags geschlossen.
Wirtshaus zwischen bodenständige Tradition und anspruchsvoller Produktküche mit überwältigender Weinauswahl.

Bidlabu – Kleine Bockenheimer Straße 14, 60313 Frankfurt, Telefon: 0 69/95 64 87 84, Internet: *www.bidlabu.de*, geöffnet montags bis freitags von 12 bis 14.30 Uhr und von 18 Uhr an, samstags von 13 bis 15 Uhr und von 18 Uhr an.
Lebendiges Bistro mit einer der besten Küchen der Stadt und einem bestechenden Weinservice.

East-Grape — Louis-Appia-Passage 12, 60314 Frankfurt, Telefon: 0 69/17 52 62 32, Internet: *www.eastgrape.de*, geöffnet dienstags bis samstags von 15 bis 24 Uhr, freitags und samstags bis 1 Uhr.
Freundliche Weinbar mit fast ausschließlich deutschen Tropfen und kleinen Speisen.

Weinsinn – Weserstr. 4, 60329 Frankfurt, *www.weinsinn-frankfurt.de*

Heimat – Essen & Weine – Berliner Str. 70, 60311 Frankfurt, *www.heimat-restaurant.de*

Wine Lounge in der wineBANK – Meisengasse 9, 60313 Frankfurt, *www.winebank.de/frankfurt*

Balthasar Ress – Am Markt 13a, 60311 Frankfur, *www.balthasar-ress.de*

Walhofs Winebar – Textorstr. 56, 60594 Frankfurt, *www.walhofs.de*

Vinum Weinkeller – Kleine Hochstr. 9, 60313 Frankfurt, *www.vinum-frankfurt.de*

Le Vingtneuf – Elbestr. 29, 60329 Frankfurt

Westlage – Grüneburgweg 92, 60323 Frankfurt, *www.westlage-frankfurt.de*

Winzerküche für daheim:

Frankfurter Wurstsalat

Die Brühe zum Kochen bringen, zurückschalten und die Würstchen darin für 10 Minuten sieden (nicht kochen!) lassen.

In der Zwischenzeit die Gürkchen in Scheiben schneiden, die Schalotten schälen und fein würfeln. Den Schnittlauch putzen und in kleine Ringe schneiden.

Die warmen Würstchen ebenfalls in kleine Scheiben schneiden und zusammen mit Zwiebeln, Gürkchen, Essig und Öl vermischen. Salzen und pfeffern. Zum Servieren mit viel Schnittlauch garnieren.

Dazu passen wunderbar Salzbrezeln und ein Schoppen vom Frankfurter Lohrberg.

Für 4 Portionen

3 Paar Frankfurter Würstchen
1 l Gemüsebrühe
6 Cornichon-Gürkchen
2 Schalotten
1 EL Apfelessig
2 EL Öl
Salz
Weißer Pfeffer aus der Mühle
1 Bund Schnittlauch

Frankfurt und Umgebung entdecken!

RADFAHREN UND WANDERN
Mit dem sehr nahen **Taunus** hat man in Frankfurt ein kleines Wanderparadies mit zahlreichen Einkehrmöglichkeiten direkt vor der Haustür. Aber auch der Stadtwald sowie der **Lohrberg** mit seinen Reben eignen sich hervorragend für Ausflüge zu Fuß oder mit dem Rad. Vom Lohrberg aus hat man zudem einen tollen Blick auf die Frankfurter Skyline. Bei einem Glas Wein lässt sich hier ein Sonnenuntergang besonders gut genießen.

VERANSTALTUNGEN
In **Frankfurt** findet jedes Jahr zwischen Ende August und Anfang September der **Rheingauer Weinmarkt** statt. Auf der Freßgass zwischen Hauptwache und Alter Oper können dort eine Vielzahl von Weinen und Sekten verkostet werden – und selbstverständlich gibt es auch reichlich kulinarische Leckerbissen zu probieren. Weitere Informationen unter:
www.frankfurt-tourismus.de

Das Weinfest in **Dietzenbach** ist zur Tradition geworden und findet auf dem Europaplatz statt.
www.dietzenbach.de/weinfest

Seit 1999 wird in **Dreieich** im Sprendlinger Bürgerpark der Wein ausgiebig gefeiert, und zwar immer an einem Wochenende im Juni.
www.dreieich.de

Das Weinfest **Götzenhain** hingegen steigt nur alle zwei Jahre, immer in den ungeraden.
www.dreieich.de

In **Egelsbach** findet jährlich im August ein dreitägiges Weinfest auf dem Hof der Alten Schule in der Rheinstraße statt.
www.egelsbach.de.

Das **Heusenstammer Weinfest** am Schloss präsentiert sich jedes Jahr im August auf dem Schlossgelände rund um den Bannturm. Jeweils von Mittwoch bis Montag gibt es zahlreiche Weine zur Verköstigung. Weitere Informationen gibt es auf der Homepage der Stadt:
www.heusenstamm.de

Zum Weinfest in **Langen** präsentieren 26 Winzer aus allen Weinbaugebieten ihre Weine. Das Weinfest findet immer von Donnerstag bis zum zweiten Sonntag im August statt.
www.vvv-langen.de

Neu-Isenburg feiert im August sein Weinfest. Bei dieser Gelegenheit gibt es Weine aus allen Regionen Deutschlands und Österreichs zu probieren.
www.neu-isenburg.de

Im Juli findet am Festplatz an der Burg im Hain das jährliche, einwöchige Weinfest **Obertshausen** statt. Das Weinfest bietet viele Weinstände aus insgesamt acht deutschen Weinbaugebieten sowie aus Österreich.
www.kultur-obertshausen.de/weinfest

Auch **Rodgau** hat ein etabliertes Weinfest, das über mehrere Tage im Juni stattfindet.
www.rodgau.de

In **Rödermark** gibt es jedes Jahr Ende Mai das traditionelle Weinfest Orwischer Woigass.
www.roedermark.de

Der Weinmarkt **Seligenstadt** im September verspricht ein spätsommerliches Genusswochenende in der historischen Altstadt zu werden.
www.unser-seligenstadt.de

Rheingau

Rheingau

Zahlen, Daten, Fakten

Rheingau gleich Riesling, das lässt sich so sagen. Fast 80 Prozent aller Weinberge (insgesamt rund 3.200 Hektar) sind mit dieser Rebsorte bepflanzt. Säurereiche trockene und halbtrockene Rieslinge prägen das Bild der Region. Aber nicht zu vergessen sind die Spätburgunder. Aus dem Rheingau stammen einige der besten Weine dieser Rebsorte, die in Deutschland gekeltert werden. Auf Platz drei liegt der Müller-Thurgau, der hier allerdings eher selten spannende Weine hervorbringt.

Der Rheingau hat seine perfekte Lage für den Weinbau einer Laune der Geologie zu verdanken. Von Wiesbaden bis Lorch fließt der Rhein von Ost nach West statt von Süd nach Nord. Die Weinberge sind also allesamt nach Süden ausgerichtet und kommen in den Genuss der wärmenden Sonne – noch einmal verstärkt durch die Reflexionen der Wasseroberfläche.

Das Klima ist mit einem Mittelwert von 10,6° Celsius mild. Der Taunus schützt den Rheingau vor heftigen Niederschlägen und kalten Winden, es wachsen Früchte wie Feigen und Aprikosen. Im Schnitt fallen pro Jahr 500 mm Regen und die Sonne scheint rund 1.600 Stunden.

Die Böden des Rheingaus sind recht übersichtlich verteilt. Um Assmannshausen, Lorch und am Rüdesheimer Berg finden sich Schiefer- und Phyllitschieferböden (gute Wärmespeicher!), die zweiten eignen sich besonders gut für Rotwein. In den tieferen Lagen des mittleren und östlichen Rheingaus herrschen gut wasserspeichernde Böden aus sandigem Lehm und Löss vor. Quarzit findet sich dann bei Lorch und in den höheren Lagen.

(Quelle: Deutsche Weine – Seminarhandbuch, Hrsg.: DWI, Mainz 2017)

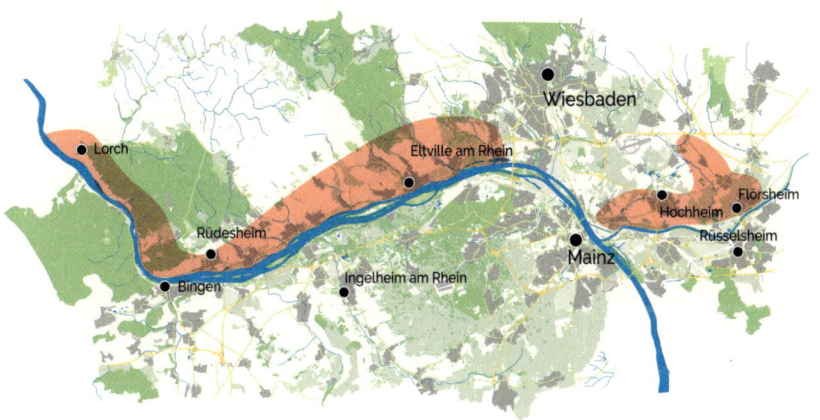

Interview mit Johanna Bächstädt

Johanna Bächstädt, Jahrgang 1989, ist eine gebürtige Rheingauerin. Ihre Eltern führen seit 1990 das legendäre Hotel und Restaurant Kronenschlösschen in Hattenheim. Nach dem Studium der Kunstgeschichte in Paris absolvierte Bächstädt eine Lehre zur Hotelfachfrau in Hamburg, bevor sie 2017 in den elterlichen Betrieb einstieg.

Frau Bächstädt, warum lohnt sich ein Besuch im Rheingau?
Natürlich wegen der ausgezeichneten Weine, Riesling und Spätburgunder. Aber auch wegen der vielen Schlösser, Burgen und Klöster und dem alles prägenden, sagenumwobenen Rhein. Das alles liegt gerade mal eine halbe Stunde von Frankfurt entfernt, man ist sofort in einer anderen Welt – von den Hochhausfluchten zwischen die Reben sozusagen.

Beschreiben sie jemandem, der noch nie im Rheingau war, die Region ...
Das Besondere fängt schon an, wenn man in den Rheingau hineinfährt und auf einmal überall die Steillagen und Höhenwanderwege entdeckt. Überall gibt es kleine, romantische Weindörfer mit einigen der besten Winzer Deutschlands. Außerdem haben wir quasi an jeder Ecke Weinprobierstände und Gourmetrestaurants.

Woran erkenne ich einen Wein aus dem Rheingau?
Unsere typischen Sorten sind Riesling und Spätburgunder. Der Riesling ist geprägt von Mineralität und Frucht und bekannt für sein

Johanna Bächstädt

Potential zu altern. Beim Spätburgunder würde ich einen vom Assmannshäuser Schiefer empfehlen mit seinen typischen Cassisnoten.

Was für Weine lohnen sich besonders?
Gereifte Rieslinge!

Mit welchem regionstypischen Essen lassen sich die Weine des Rheingaus besonders gut kombinieren?
Natürlich mit so etwas bodenständigem wie Spundekäs und natürlich mit unserer berühmten Wispertalforelle. Die passt besonders gut zu Riesling.

Was muss ich über die Geschichte der Region wissen?
In unserer Geschichte findet sich vieles aus der allgemeinen Weingeschichte wieder. Kabinett und Spätlese beispielsweise sind hier

entstanden. Im Mittelalter war der Rheingau durch einen Dornenwall abgeschottet, keiner kam ohne weiteres rein oder raus. Das erklärt, warum hier manches noch immer anders ist als anderswo. Die Menschen hier waren immer eigenständige Bauern. Das erklärt, warum man hier noch heute direkter und gradliniger ist als anderswo. Klar eckt man damit auch mal an.

Wohin geht die Reise in der Zukunft?
Unsere jungen Winzer treiben die Qualität voran. Es sind nicht mehr nur die Topweingüter, die Schlagzeilen machen, sondern auch alteingesessene Betriebe, in denen die junge Generation auf einmal Spitzenweine macht.

Jetzt erzählen sie uns noch, was es mit dem berühmten Rheingau Gourmet Festival auf sich hat ...
Das hat mein Vater 1997 gegründet, gemeinsam mit dem inzwischen verstorbenen Winzer Bernhard Breuer und Michael Herrmann vom Rheingauer Musikfestival. Das Vorbild war eine ähnliche Veranstaltung in Kalifornien. Die ersten Jahre standen immer unter dem Motto einer bestimmten Region, davon haben wir uns aber verabschiedet. Inzwischen dauert das Festival 18 Tage, zu 60 Events kommen knapp 6500 Gäste. Spitzenköche und Topwinzer zeigen, was sie können. Und bis auf ein paar Veranstaltungen findet alles hier bei uns im Kronenschlösschen statt. Darauf sind wir sehr stolz! (www.rheingau-gourmet-festival.de)

WEINGÜTER, WEINE UND WINZER

Barth

Wein- und Sektgut Barth, Bergweg 20, 65347 Hattenheim,
www.weingut-barth.de

Mark Barth lässt es prickeln! Sekt ist die große Leidenschaft des Winzers, der das Weingut gemeinsam mit seiner Frau führt. Etwa ein Drittel der Jahresproduktion füllt er als Schaumwein ab. Barth verwendet dafür größtenteils Riesling – typisch Rheingau eben. Und er beweist, dass diese Rebsorte herausragende Schaumweine ergeben kann. Die übrigen Schäumer sind aus Weißburgunder und Spätburgunder gekeltert. Bei Barth ist alles Handarbeit. „Jede Flasche habe ich mehr als 50 Mal in der Hand, bevor sie in den Verkauf kommt", sagt Barth. Ein ganz wunderbarer Aperitif zum Beispiel ist der „Pinot Rosé brut", der mit weit unter 20 Euro auch noch unverschämt günstig ist. Aber wie allen anderen Schäumern aus dem Barthschen Sortiment täte man dem Wein Unrecht, würde man ihn auf die Rolle als Appetitanreger beschränken. Alle Barth-Sekte bringen genug Kraft und Struktur mit, um auch kräftige Gerichte zu begleiten. Wer das nicht glaubt, dem sei der „Schützenhaus Riesling brut nature" ans Herz gelegt. Er passt bestens zu gegrilltem Fisch oder Rindfleisch – das wurde im Eigenversuch mehrfach erprobt und von allen Gästen für gut befunden.

„Das Weingut gibt es bereits seit 1948, meine Frau und ich betreiben es jetzt in dritter Generation", sagt Barth, der in die Winzerfamilie eingeheiratet hat. „Als Sektspezialist gilt der Betrieb bereits seit

30 Jahren. Das ging damals klein los und wuchs im Lauf der Zeit ganz natürlich." Dabei ruhte sich der Betrieb aber nie auf Erreichtem aus. Beispiel gefällig? Seit dem Jahrgang 2017 keltert Barth einen Pet Nat aus Cabernet Sauvignon. Das ist ein Schaumwein, der eine einzige Gärung durchläuft, nicht zwei wie sonst bei Sekt üblich. Nur wird ein Pet Nat, während er gärt, bereits in die Flasche gefüllt. Dadurch bleiben Kohlensäure und Hefe im Wein. Daher der Name: Pet Nat steht für Pétillant Naturel, was so viel heißt wie natürlich prickelnd. Das Ergebnis ist ein leicht hefiger, rotfruchtiger, knackig-frischer Schaumwein, der überrascht, weil er in kein gängiges Geschmacksmuster passt. Unbedingt probieren!

„Wer zum ersten Mal das Weingut besucht, der tut das meist des Sekts wegen", sagt Barth. Das völlig zu Recht, aber bei aller Begeisterung über die Schaumweine sollte man auf keinen Fall übersehen, was Barth als Stillwein in die Flasche bringt. Seine Großen Gewächse sind wahrlich großes Kino und so weit weg von kitschigen Fruchtaromen wie nur möglich. Längere Maischestandzeiten und teilweiser Ausbau in Holzfässern sorgen für Würze statt Frucht und enorme Struktur mit Tiefgang. Zudem beherrscht Barth exzellent das Keltern von Weinen, die gerade so an der Grenze von trocken zu halbtrocken – also neun Gramm Restzucker pro Liter – balancieren. Die sind geschmeidig, niemals süßlich und mit ihrer Kraft tolle Essensbegleiter.

Seit dem Jahr 2013 ist Barth biozertifiziert. „Ich habe den Eindruck, dadurch kommt die kräutrige Würze besser durch. Außerdem sind die Weine trockener, weil sie besser durchgären", sagt der Winzer. Und noch etwas freut ihn an der Entwicklung seiner Reben seit der Umstellung: „Die Mostgewichte sind nicht mehr so hoch. Das kommt mir sehr entgegen, denn mir geht es in meinen Weinen nicht mehr um das Barocke und Füllige", sagt Barth.

Dr. Corvers-Kauter

Weingut Dr. Corvers-Kauter, Rheingaustraße 129,
65375 Oestrich-Winkel, www.corvers-kauter.de

Das Weingut Dr. Corvers-Kauter ist ein herausragendes Beispiel für die Entwicklung, die der Rheingau seit einigen Jahren hinlegt: Die Weine sind deutlich differenzierter und besser geworden. „Wir sehen jetzt die Resultate unserer Arbeit in den vergangenen Jahren", sagt Matthias Corvers, der das Weingut gemeinsam mit seiner Frau Brigitte leitet. „Warum haben Weine früher denn anders geschmeckt?", fragt er und gibt auch gleich die Antwort: „Weil sie anders gemacht wurden – mit Zeit. Deshalb gehen wir den Weg zurück und damit einen Riesenschritt nach vorne", sagt er. So schafften sie beispielsweise im Jahr 2015 eine Korbpresse an, wie sie auch in der Champagne verwendet wird. Damit werden die Trauben langsamer und schonender gepresst, der Saft hat mehr Kontakt mit den Schalen. Dadurch gehen mehr Inhaltsstoffe in den Saft über und das verleiht dem Wein am Ende eine deutlich griffigere Struktur. Der offene Blick in die Vergangenheit mag bei der 250-jährigen Geschichte von Dr. Corvers-Kauter vielleicht näher liegen als bei anderen Betrieben. Aber der Winzer zuckt mit den Schultern und lächelt. „Das ist völlig unbedeutend. Wichtiger ist, dass das Weingut fortgeführt wird." Und das ist der Fall. Die Kinder Patricia und Philipp arbeiten bereits mit. Philipp machte mit 17 Abi-

tur, studierte danach Weinbau und Önologie in Geisenheim, sammelte Erfahrungen in Neuseeland und dem Burgund. Nun arbeitet er mit seinem Vater gemeinsam daran, die Qualität noch weiter zu steigern.

„Uns ist wichtig, dass die Kunden die Unterschiede zwischen den Qualitätsstufen deutlich schmecken. Dafür ernten wir in jedem Weinberg mehrere Male", sagt Corvers. Das geht los mit dem saftig-frischen R3, einem Verschnitt aus mehreren Lagen. Das ist eine unerhört gute Basis, die im Export nach bis New York, China und Japan geht. „Wir wollen, dass unsere Kunden auch im unteren und mittleren Preisbereich ein schönes Weinerlebnis haben", sagt Corvers. Bereits bei den Gutsweinen sind deutliche Unterschiede schmeckbar. Der Hattenheimer präsentiert sich wunderbar zugänglich und leicht verständlich, der Rüdesheimer hingegen punktet mit mineralischen und würzigen Noten. Bei den Lagenweinen steigert sich das noch einmal deutlich, das ist schon großes Rieslingkino. Teilweise wurden die Weine im Holzfass ausgebaut, was ihnen noch mehr Würze und Tiefgang verleiht.

Die Großen Gewächse beim Riesling stammen aus den Toplagen Berg Schlossberg, Berg Rottland und Berg Roseneck. Der Rottland ist wunderbar füllig und barock, der Schlossberg hingegen eher was für Spezialisten. „Das ist der Einfluss des Quarzitbodens", sagt Corvers. „Weil die Weine so unterschiedlich sind, findet bei uns jeder etwas."

Bei all der Begeisterung über die Rieslinge sollte man auf keinen Fall den Fehler machen, etwa den Silvaner zu übersehen. Der wächst immerhin auf zehn von den 31 Hektar des Weinguts. Und mehr als nur erwähnenswert sind die Pinot Noirs. Die sind zwar

(leider) nicht ganz günstig. Aber sie gehören mit zum Spannendsten, was man aus dieser Rebsorte hierzulande keltert.

Diefenhardt

Weingut Diefenhardt
Hauptstraße 11, 65344 Martinsthal, www.diefenhardt.de

Das Weingut Diefenhardt ist im Rheingau fest etabliert. Seit vielen Jahren schon sind die Weine von herausragender Qualität. Seniorchef Peter Seyffardt ist der Vorsitzende des Rheingauer Weinbauverbandes und somit eine wichtige Persönlichkeit im Weinbaugebiet. Sein Wort hat Gewicht und wenn sich bei ihm im Betrieb etwas verändert, schaut der eine oder andere sicher sehr interessiert zu. Denn bei Seyffardts passiert derzeit etwas, was viele andere Betriebe bereits hinter sich haben und bei vielen anderen noch ansteht: die junge Generation schickt sich an, das Weingut zu übernehmen. Bei Diefenhardt ist es Julia Seyffardt, Jahrgang 1989, die seit 2014 immer mehr die Geschicke bestimmt.

Wie geht das, einen eigenen Ausdruck in den Weinen zu finden? Wie macht man besser, was eigentlich kaum noch besser geht? Zum Beispiel so wie Julia. Sie studierte im nahen Geisenheim, arbeitete in Südafrika und dem Burgund. „Ich dachte mir, ich lebe und arbeite noch lange genug zuhause, da muss ich vorher raus", sagt sie. Sie blieb für ihre Studiumszeit auch nicht in Martinsthal wohnen, sondern zog ins gerade mal eine Viertelstunde entfernte Geisenheim. „Das war wichtig. Dort habe ich so viele Leute kennengelernt, das hat mir einen richtigen Schub gegeben", sagt Seyffardt.

Aber als sie dann wieder aufs elterliche Weingut kam, ging sie die Dinge langsam an. „Ich habe mir zuerst viel angeschaut", sagt sie. Sie lernte Stück für Stück die Weinberge kennen, sah, was ihr Vater über die Jahre gemacht hatte, erarbeitete sich sein Vertrauen. „Um einen eigenen Stil zu entwickeln, muss ich erstmal wissen, was unsere Lagen hergeben. Und erst dann kann ich anfangen mir zu überlegen, in welche Richtung ich das verändern möchte", sagt sie.

17 Hektar hat das Weingut, dazu gehören exzellente, wenn auch weitgehend unbekannte Große Lagen wie Schlenzenberg oder Wildsau. Dass diese Weinberge wirklich herausragend gute Weine erbringen können, das beweist Seyffardt nun Jahr für Jahr ein bisschen mehr. „Ich würde sagen, mein Stil ist feiner geworden. Die Weine meines Vaters waren opulenter, meine sind straighter und filigraner. Ich mag es klar und puristisch ohne große Schnörkel", sagt sie. Das bringt mit sich, dass die Unterschiede zwischen den Lagen deutlicher zu schmecken sind. Die Wildsau ist Seyffardt zufolge mineralisch und straight, der Rauenthaler Rothenberg, wo sie auch Reben hat, bringt durch den höheren Schieferanteil im Boden mehr exotische Frucht ins Glas.

Zu 80 Prozent macht die Winzerin Riesling, die restlichen 20 Prozent sind Pinot Noir – typisch Rheingau also. Aber was ist denn für Seyffardt typisch Rheingau? Woran erkennt man einen Wein aus diesem Anbaugebiet? „Das ist nicht mehr so einfach wie früher. Denn immer mehr Winzer haben ihren ganz individuellen Stil. Trotzdem würde ich sagen, die Weine von hier sind markant, nicht süßlich oder verschwommen", sagt sie.

Unbedingt probieren sollte man mal ihren Riesling „Wildes Holz". Den lässt die Winzerin in gebrauchten Barriques reifen. Das unterstützt den Wein und verleiht ihm eine herrlich würzige Struktur, die Rebsorte bleibt dabei immer klar erkennbar.

Das Weingut hat einen eigenen Gutsausschank mit klassischen lokalen Gerichten und einer wöchentlich wechselnden Schlemmerkarte. „Da darf unser Koch sich austoben", sagt Seyffardt.

Georg Breuer

Weingut Georg Breuer, Grabenstraße 8,
65385 Rüdesheim am Rhein, www.georg-breuer.com

Da kann man schon mal durcheinander geraten, also aufgepasst: Das Weingut heißt Georg Breuer, die Winzerin aber Theresa Breuer. Und diesen Namen sollte, nein: muss man sich merken. Denn in diesem Rüdesheimer Weingut entstehen ein paar der allerfeinsten Rieslinge Deutschlands. Der renommierte Weinführer Gault&Millau zeichnete den Betrieb im Jahr 2019 mit seiner höchsten Wertung aus: fünf Trauben. Damit zählt Georg Breuer nach Meinung der Verkoster zu den deutschen Betrieben von Weltklasse.

Bereits in den 1980er Jahren hatte Breuers Vater Bernhard damit begonnen, die Qualität der Weine enorm zu steigern. Er hatte von Theresa und ihrer Schwester nie erwartet, den Betrieb weiterzuführen. Zwar hatte Theresa nach dem Abitur dann schon den Plan, Winzerin zu werden, hatte sogar schon einen Ausbildungsplatz – den sie dann aber wieder absagte. „Wenn ich das jetzt mache, dann mache ich ja mein ganzes Leben lang nichts anderes", dachte sie sich und begann eine Lehre im Touristikbereich. Aber das passte letztlich nicht, Breuer brach ab und wollte an die Uni. Sport oder Weinbau, das war die Frage. Dann starb völlig unerwartet ihr Vater und mit einem Mal war der damals 20-Jährigen der Weg klar. Sie studierte im Schnelldurchlauf internationale Weinwirtschaft in Geisenheim und lernte nebenbei die Abläufe im eigenen Weingut kennen. Eines war ihr dabei immer besonders wichtig: das Team. Ihr Onkel half in administrativen Dingen, der Betriebsleiter, der sie kannte, seit sie ein kleines Mädchen war, wies sie in alle Feinheiten

des Breuerschen Weinmachens ein. Er lehrte die junge Frau alles, was sie wissen musste, ließ sie aber von Anfang an auch ihre eigenen Entscheidungen treffen. „Dadurch hatte ich immer das Gefühl, dass es wirklich mein Erbe ist, ich mich aber immer zu 100 Prozent auf ihn verlassen kann", sagt sie. Derzeit bewirtschaftet das Weingut rund 120, zum Teil sehr kleine, Parzellen in Rüdesheim und Rauenthal. 2018 kamen zudem einige Hektar in Lorch hinzu, nochmal ein ganz anderes und spannendes Terroir.

„Rüdesheim ist unsere Basis, hier schlägt unser Herz", sagt Breuer. „Die Weine von hier haben etwas animierendes und eigenständiges. Sie sind von der Mineralik geprägt und in jungen Jahren oft etwas borstig, aber dann bekommen sie etwas betörend Einladendes." Ganz anders die Weine aus den Rauenthaler Weinbergen: „Dort ist der Klimasprung deutlich größer. In kalten Jahren geraten

die Weine von dort manchmal etwas spröde. In warmen hingegen bekommen sie exotische Noten", sagt Breuer.

Ihr berühmtester Wein ist der Berg Schlossberg, von dem macht sie jedes Jahr gerade mal 4000 bis 6500 Flaschen. Ein berückend schöner Riesling, den Breuer selbst am liebsten erst nach zehn bis zwölf Jahren trinkt. „Dann hat er sich gefunden, ist unaufgeregt sortiert", sagt sie. Das hat mit knapp 60 Euro aber auch seinen Preis. Wer etwas günstiger wegkommen möchte, der sollte sich an den Riesling Terra Montosa wagen. Die Cuvée aus vier Steillagen kostet etwas mehr als 20 Euro, zeigt aber schon viel von dem, was Breuers Weine ausmacht: tänzelnde Leichtigkeit, straffe Säure und eine animierende Würze. Aber Obacht: Bis auf die Basis ist man gut beraten, wenn die Breuer-Weine nach dem Kauf für mindestens zwei Jahre im Keller verschwinden. Ganz jung machen sie nur halb so viel Spaß.

Künstler

Weingut Künstler, Geheimrat-Hummel-Platz 1a, 65239 Hochheim/ Main, www.weingut-kuenstler.de

Ein Rheingauer Weingut, das auf der Liste der unbedingt mal zu probierenden seinen festen Platz hat. Nach dem Zweiten Weltkrieg wurde die Familie, die in Südmähren, rund 80 Kilometer nördlich von Wien, seit beinahe 300 Jahren ein Weingut betrieben hatte, enteignet und kam in den Rheingau. Franz Künstler, der Vater des jetzigen Inhabers Gunter Künstler, belebte 1965 die Traditi-

on der Familie wieder und gründete ein Weingut. Gunter wollte den Betrieb eigentlich nicht unbedingt übernehmen. Eine Karriere als Sportler hätte er sich ebenso gut vorstellen können wie etwas mit Sprachen oder ein Wirtschaftsstudium. Doch dann verletzte sich sein Vater schwer an der Hand, ausgerechnet in der Lesezeit, wenn es auf jeden Mann ankommt. Also packte der Junior mit an – und wollte fortan nichts anderes mehr machen.

Heute gehören einige herausragende Lagen zum Betrieb, die dank ihrer unterschiedlichen Mikroklimata und Bodenbeschaffenheiten jeweils sehr eigenständige Weine hervorbringen. Das liegt natürlich auch an der Akribie, mit der in den Weinbergen gearbeitet wird. Der Schwerpunkt bei den Rebsorten liegt rheingautypisch auf Riesling und Spätburgunder. Aber daneben hat Künstler noch ein paar Weinberge, die mit Sauvignon Blanc, Chardonnay, Alvarinho, Grünem Veltliner und Merlot bepflanzt sind. Auch gut zu wissen: Auf dem Weingut lassen sich große Feste, etwa Hochzeiten, genauso gut abhalten wie Tagungen.

Peter Jakob Kühn

Weingut Peter Jakob Kühn
Mühlstraße 70, 65375 Oestrich, www.weingutpjkuehn.de

Peter Jakob Kühn ist eine Legende unter Deutschlands Winzern, jede geringere Beschreibung würde ihm nicht gerecht. 2004 stellte er sein Weingut auf biodynamische Wirtschaftsweise um. Damit trug er wesentlich dazu bei, die Biodynamie aus der Ecke der Esoteriker und Spinner zu holen. Denn seine Weine legten und legen noch immer Jahr für Jahr in der Qualität zu. Das mag daran liegen, dass er 2012 die Verantwortung für den Betrieb an seinen Sohn Peter Bernhard übergab. Denn der steht seinem Vater in Sachen Qualitätsfanatismus in nichts nach und die beiden arbeiten exzellent zusammen. Ihren „Riesling R" aus dem Jahr 2013 ließen die beiden vier (!) Jahre im Stückfass reifen, bevor er in die Flasche kam. Der Weinführer Gault&Millau überschlug sich förmlich in seiner positiven Kritik und verlieh dem Wein die Höchstnote von 100 Punkten. Das hat mit mehr als 100 Euro natürlich seinen Preis. Und auch sonst ist die Kollektion der Kühns keine günstige. Aber ganz ehrlich: Das ist Riesling in einer anderen Dimension und wer sich für Wein interessiert, für den ist Kühn ein Muss. Deshalb eine Empfehlung aus den unteren Preisregionen: Der Oestricher Riesling

Quarzit kostet keine 20 Euro und zeigt schon sehr schön, wohin die Reise beim Weingut Kühn geht.

Kloster Eberbach

Weingut Kloster Eberbach, Kloster Eberbach,
65346 Eltville, www.kloster-eberbach.de

Es tut sich was bei den Hessischen Staatsweingütern Kloster Eberbach. Im Jahr 2018 trat die neue Kellermeisterin Kathrin Puff ihren Dienst an. Ihr Ziel ist es, die Weine des Traditionsbetriebes etwas fruchtiger und damit zugänglicher in die Flasche zu bringen. Vor ihrer Stelle im Rheingau arbeitete Puff in der Toskana, Neuseeland und Thailand – ja, auch dort machte sie Wein. Jede Menge Erfahrung bringt sie also mit. Man darf auf die kommenden Jahrgänge gespannt sein.

Der Schwerpunkt in Eberbach liegt natürlich auf dem Riesling. Das Besondere: Manche Topweine kommen erst mit ein paar Jahren Reife in den Verkauf. Wunderbar für Weinfreunde, die selber keinen Keller haben, aber mal wissen wollen, wie gereifte Tropfen schmecken.

Einmal im Jahr findet hier eine berühmte Versteigerung statt. Der VDP Rheingau und das Kloster bieten Unikate und Raritäten an, die sonst nirgends zu kaufen sind.

Ein Besuch in Eberbach sei aber auch jedem empfohlen, der sich nur mäßig für Wein interessiert. In der wunderschönen Anlage wurden einst Teile von „Der Name der Rose" gedreht. Und noch heute würde es einem beim Herumstreifen zwischen den alten Mauern nicht wundern, käme Sean Connery, alias William von Baskerville, um die Ecke gebogen. Außerdem bietet das Kloster zahlreiche Veranstaltungen und Führungen, mal mit und mal ohne Bezug zum Wein. Alle Termine und Informationen finden sich auf der Homepage.

Balthasar Ress

Weingut Balthasar Ress, Rheinallee 50,
65347 Eltville-Hattenheim, www.balthasar-ress.de

Die Entwicklung dieses Betriebs verlief in den vergangenen Jahren sehr beeindruckend. Motor des Ganzen war Betriebsleiter Dirk Würtz, der allerdings 2018 nach Rheinhessen zu St. Antony (siehe Seite 93) wechselte. Noch bleibt es abzuwarten, wie der Abgang einer dermaßen prägenden Figur sich auf das Weingut auswirkt. Aber die Chancen stehen gut, dass weiter spannend bleibt, was aus den Ress'schen Kellern kommt. Denn Würtz' Nachfolger arbeitete bereits jahrelang eng mit ihm zusammen und so stehen die Chancen gut, dass der unkonventionelle Aufstieg weitergehen wird. Unkonventionell deshalb, weil die Weine von Balthasar Ress immer ein wenig aus der Reihe tanzen. Da wären zum einen die kraftvollen und eher von der Würze als von der Frucht geprägten Lagenweine. Und zum anderen die Rieslinge, die nur eine Num-

mer als Namen tragen, 32 zum Beispiel. Die Zahl steht für die Zahl der Monate, die der Wein im Stahltank auf der Vollhefe lag. Nicht schlimm, wenn einem das nichts sagt. So viel sei in der Kürze verraten: Das ist einer der ungewöhnlichsten Rieslinge, die der Rheingau zu bieten hat – rauchigwürzigpikant, null Frucht. Wer mal über den Tellerrand hinausschauen möchte, der sollte das probieren. In den Kellergewölben unter dem Weingut befindet sich übrigens die

erste Winebank – ein „Private Members' Club für Weinbegeisterte" mit inzwischen mehreren Standorten in Deutschland, Europa und den USA.

Kaufmann

*Weingut Kaufmann, Rheinalle 6,
65347 Eltville-Hattenheim, www.kaufmann-weingut.de*

Urban Kaufmann und Eva Raps sind Quereinsteiger. Kaufmann war früher Inhaber einer Käserei in der Schweiz und somit immerhin schon mal dem Thema Genuss nicht abgeneigt. Seine Frau kommt aus Franken und hat damit den Wein und die Freude an gutem Essen und Trinken quasi schon mit der Muttermilch eingeflößt bekommen. Zehn Jahre lang war sie Geschäftsführerin des VDP und bekam dabei Lust, selbst Hand anzulegen. Die beiden suchten in ganz Europa nach einem passenden Weingut, fündig wurden sie schließlich im Rheingau. 2013 kauften sie das Weingut Hans Lang und erfüllten sich damit einen Traum. Aber es ging nicht ohne Schwierigkeiten los. 2014 erkannte die Prüfungskommission des VDP ihren Riesling aus der Lage Hattenheimer Wisselbrunnen nicht als Großes Gewächs an. Zweifelsohne ein herber Rückschlag, aber wer die Kaufmannschen Weine seitdem immer wieder probiert, der stellt fest: da geht was! Und zwar aufwärts und das deutlich. Die Flaschen mit dem markanten roten Etikett haben sich nach den Startschwierigkeiten in der Rangliste des Rheingaus deutlich nach vorne gearbeitet. Gerade das Große Gewächs aus dem Hattenheimer Wisselbrunnen ist inzwischen eine sichere Bank. Besondere Aufmerksamkeit verdienen aber auch die Pinot Noirs. Der Betrieb wird nach biodynamischen Kriterien bewirtschaftet. Wer sich für diese ökologische Philosophie interessiert, der ist herzlich zu einem Austausch auf dem Weingut eingeladen.

Schloss Vollrads

Weingut Schloss Vollrads
Schloss Vollrads 1, 65375 Oestrich-Winkel, www.schlossvollrads.com

Schloss Vollrads ist einer dieser Orte, die fast zu schön sind, um wahr zu sein. Von Oestrich-Winkel aus geht es ein paar hundert Meter durch die Weinberge dem Taunus entgegen. Die Weinberge rund um das Weingut gibt es schon nahezu ewig. Seit rund 800 Jahren werden hier Reben angebaut. Damit zählt Schloss Vollrads zu den ältesten Weingütern Deutschlands. Das in den Reben eingebettete Schloß wurde im Laufe der Jahrhunderte immer wieder um- und ausgebaut. Das Herz der heutigen Anlage ist ein im 14. Jahrhundert als Wasserburg errichteter Wohnturm. In den Gebäuden drumherum liegen unter anderem eine Vinothek sowie ein Gutsrestaurant, das groß genug ist für Hochzeiten, Taufen oder große Geburtstage. Im Sommer hat außerdem der Gutsausschank geöffnet. Dort gibt es deftige Kleinigkeiten wie Flammkuchen. Und natürlich gutseigene Rieslinge. Am Weingut führen Wanderwege vorbei, es lässt sich also bestens als Stopp einplanen.

Die Weine sind exzellent. Besonders probierenswert sind die klassischen Prädikate Spätlese und Kabinett mit ihrer gut eingebundenen Restsüße und Alkoholgraden von um die acht Prozent. Es wird sich aber lohnen, die Entwicklung des Betriebes weiter zu beobachten. Denn in den letzten Jahren wurde nicht nur kräftig in die Ausstattung investiert. Auch das Personal wechselte an der einen oder anderen Stelle. Und im Weinbau dauern Veränderungen immer eine Weile. Schließlich hat der Winzer nur einen Versuch pro Jahr.

Schloss Johannisberg

Schloss Johannisberg
65366 Geisenheim-Johannisberg, www.schloss-johannisberg.de

„Mon Dieu, wenn ich doch so viel Glauben in mir hätte,
dass ich Berge versetzen könnte,
der Johannisberg wäre just derjenige Berg,
den ich mir überall nachkommen ließe."

Diese Worte werden dem deutschen Dichter Heinrich Heine zugeschrieben. Und wenn man die Weine von ebendiesem Berg probiert, kann man ihn durchaus verstehen. Seit 900 Jahren wird dort Weinbau betrieben, seit 300 Jahren nur noch Riesling angebaut. Damit gilt der Betrieb als das älteste Rieslingweingut der Welt. Darauf würde so manch anderer sich ausruhen. Auf dem Johannisberg aber wurde in den vergangenen Jahren kräftig investiert. Die Weinbaufläche wurde vergrößert, der Keller auf den neuesten Stand der Technik gebracht. Es wird also spannend, was wir von dort in Zukunft ins Glas bekommen. Bis es so weit ist, sei auf jeden Fall das Große Gewächs „Schloss Johannisberger Riesling Silberlack" empfohlen. Jahr für Jahr ist dieser Wein eine wunderschöne Erklärung für die eingangs zitierten Worte Heinrich Heines. Am besten genießen lassen sich die Weine von Schloss Johannisberg vor Ort. Von der Schlossschänke aus haben Gäste einen traumhaften Blick über den Rheingau. In der warmen Jahreszeit gibt es zahlreiche Veranstaltungen, Details finden sich auf der Homepage.

Schloss Reinhartshausen

Schloss Reinhartshausen
Hauptstraße 39, 65346 Eltville-Erbach,
www.schloss-reinhartshausen.de

Eine legendäre Adresse, die man bei einem Besuch des Rheingaus auf keinen Fall verpassen sollte. 1337 pflanzten die Ritter von Allendorf dort die ersten Reben und seitdem ist der Name Reinhartshausen mit Wein verbunden. Ende des 18. Jahrhunderts ging die Anlage an die Freiherren Langwerth von Simmern, 1800 übernahmen sie die Grafen von Westphalen und erbauten das Schloss in der Form, in der es heute dasteht. In den folgenden zwei Jahrhunderten gehörte es wechselnden Besitzern, bis 2013 der Pfälzer Stefan Lergenmüller alles kaufte. Alles meint nicht nur Schloss

Reinhartshausen, sondern auch die Mariannenaue, eine Insel mitten im Rhein. Auf 24 Hektar wachsen Roter Riesling, Chardonnay, Sauvignon Blanc und Weißburgunder. Durch das besondere Mikroklima der Insel entstehen ganz besondere Weine mit einer eigenen Note. Weitere 41 Hektar Weinberge befinden sich in einigen der berühmtesten Lagen des Rheingaus. Die Kellerarbeit geht auf traditionelle Weise vonstatten, mit dem Einsatz von großem Holz und viel Ruhe. Lergenmüller will seinen Weinen zunehmend mehr Zeit geben, bevor sie in den Verkauf kommen. Empfehlenswert ist übrigens auch die gutseigene Vinothek „Weinbar 1337" und das charmante Gästehaus.

Baron Knyphausen

Weingut Baron Knyphausen
Erbacher Straße 28, 65346 Erbach, www.baron-knyphausen.de,
Hotel und im Sommer kleine Gastronomie

Wer den Rheingau besucht, der kommt an einem Besuch auf dem Weingut Knyphausen nicht vorbei. Sei es um die exzellenten Weine zu probieren, im Hotel zu übernachten oder es sich im Sommer ein bisschen gut gehen zu lassen. Denn dann stehen am Rand von Reben gemütliche Sitzgelegenheiten bereit, einige Weine des Betriebes können direkt dort getrunken werden. Dazu gibt es diverse Kleinigkeiten zu essen. Besondere Empfehlung: der Rote Riesling feinherb.

Crass

Weingut Crass
Taunusstraße 2, 65346 Eltville-Erbach, www.weingut-crass.de

Winzer Matthias Craß kann auf eine 400 Jahre alte Weinbautradition seiner Familie zurückblicken. Das ist einerseits schön, wäre andererseits aber auch wurst, wenn er nicht so gute Weine machen würde ... Das geht los mit einem trockenen Riesling-Ortswein, der so opulent, fruchtig und unkompliziert daherkommt, dass die Flasche den Abend nicht lange überlebt. Gesteigert wird dies noch bei den Lagenweinen, bei denen Craß die Unterschiede der Weinberge fein säuberlich herauszuarbeiten weiß, und gipfelt zum Beispiel in einem Premiumwein aus dem Erbacher Siegelsberg. Der ist nicht mehr ganz trocken, was ihm aber hervorragend steht. Saftige, reife Aprikosen und Pfirsiche springen einem aus dem Glas

förmlich in den Mund. Sehr gut! Bei den Rotweinen sollte man vor allem dem Frühburgunder – für den Rheingau nicht gerade typisch – Beachtung schenken.

Jung Dahlen

Weingut Jung Dahlen
Neugasse 9, 65346 Eltville-Erbach, www.rheingaushop.com

Der Name ist bei Jung Dahlen Programm: der Junior hat hier das Sagen. Sehr süffig geht es zu in seinem Sortiment, gerne auch mal jenseits des trockenen Segments. Wenn jemand hierbei sein Handwerk so beherrscht wie Sandro Dahlen, ist das eine wunderbare Sache. Seine Weine sind niemals laut, immer leise, fast schüchtern. Ihre Länge am Gaumen zeigt, dass sie aber durchaus Substanz haben.

Schloss Schönborn

Domänenweingut Schloss Schönborn
Hauptstraße 53, 65347 Eltville-Hattenheim,
www.weingut-schloss-schoenborn.de

Die erste urkundliche Erwähnung des Betriebes datiert auf das Jahr 1349. Seit 2014 führt erstmals seit langem wieder ein Oberhaupt der Familie Schönborn das Weingut und tätigte seitdem einige Investitionen. Die Weine sind klassische Vertreter ihrer Art und solide in der Qualität. Wer auf Tropfen mit Tiefgang und Struktur steht, der sollte sich nicht mit der Basis aufhalten, sondern direkt die Ersten Gewächse probieren. Die gutseigene Vinothek mitten in Hattenheim hat eine große Panoramaterrasse, die einen sensationellen Ausblick bietet.

Keßler

Weingut Keßler
Heimatstraße 18, 65344 Eltville-Martinsthal,
www.weingut-kessler.de

Stefan Keßler keltert im besten Sinne des Wortes ehrliche und einfache Weine. Das geht los mit sehr trinkigen Literflaschen, die niemals banal werden und geht weiter mit trockenen Lagenweinen. Der spannendste Wein ist auf jeden Fall ein trockener Kabinett, der mit delikater Würze zu begeistern weiß. Keßler heißt ohne Frage viel Wein für wenig Geld, keine abgefahrenen Überraschungen, aber niemals eine Enttäuschung. Im Gutsausschank haben die Erwachsenen einen tollen Blick auf die Weinberge, die Kinder Spaß auf dem Spielplatz.

Kaspar Herke

Weingut Kaspar Herke
Langenhoffstraße 4, 65375 Oestrich Winkel,
www.weingut-kaspar-herke.de

Der Schwerpunkt des Weinguts liegt rheingautypisch auf dem Riesling, der auf 80% der zwölf Hektar Rebfläche steht. Das sollte aber nicht dazu verleiten, die anderen Weine links liegen zu lassen. Der feinherbe Weißburgunder ist der perfekte Begleiter heißer Sommertage und die Spätburgunder aus den Lagen Assmannshäußer Höllenberg und Oestricher Doosberg stellen auch anspruchsvolle Rotweinfreunde zufrieden.

Johannishof

Weingut Johannishof
Grund 63, 65366 Johannisberg, www.weingut-johannishof.de

Sabine und Johannes Eser führen das traditionsreiche Weingut in der zehnten Generation. Besonders empfehlenswert sind die traditionell gekelterten Spätlesen. Diese Weine können ganz wunderbar reifen und sind eine echte Anschaffung für runde Geburtstage und ähnliche Anlässe in weiter Zukunft.

Freimuth

Weingut Freimuth
Am Rosengärtchen 25, 65366 Geisenheim-Marienthal,
www.freimuth-wein.de

Exzellente Weine, eine Straußwirtschaft mit Blick über das Rheintal und zwei ruhig gelegene Ferienappartements – wenn das nicht genug Gründe für einen Besuch des familieneigenen Weinguts Freimuth sind. Aus der wunderbaren Kollektion ragt übrigens besonders der Riesling Orange heraus. Ein perfekter Einstiegswein in das Thema maischevergorene Weißweine.

Sektkellerei Ohlig

Sektkellerei Ohlig
Geisenheimer Straße 54, 65385 Rüdesheim, www.ohlig-sekt.de

Bereits in der vierten Generation erzeugt die Sektkellerei Ohlig in Rüdesheim Schaum- und Perlweine. Besonders gelungen sind die Weine mit der Auszeichnung „Extra trocken" – das mag manchen verwirren, haben diese Sekte doch etwas mehr Zucker als „trockene". Den Ohlig-Sekten verleiht das jedoch eine füllige Eleganz, die sie zu guten Speisenbegleitern macht. Auch die Seccos, leichte Perlweine, sind erwähnenswert, weil wunderbare Aperitife. Bemerkenswert: Kaum einer der Weine des Betriebes kostet mehr als zehn Euro.

Laquai

Weingut Paul Laquai
Gewerbepark Wispertal 2, 65391 Lorch, www.weingut-laquai.de

Die Brüder Gilbert und Gundolf Laquai keltern Weine, die einen ganz wunderbaren Mittelweg gehen zwischen Zugänglichkeit und Trinkspaß auf der einen Seite sowie Rassigkeit und Anspruch auf der anderen. Die Weine aus der Terroirlinie sind dafür sehr schöne Beweise und dabei niedrig im Alkoholgehalt. Und wer meint, nur trocken trinken zu müssen, der sollte mal den Riesling vom Quarzit feinherb probieren.

J.B. Becker

J.B. Becker
Rheinstraße 6, 65396 Walluf, www.jbbecker.de

Die Weine von J.B. Becker sind weit über die Grenzen des Rheingaus hinaus berühmt. Weniger bekannt hingegen dürfte sein, dass das Weingut einen Weingarten direkt am Rheinufer betreibt. Analog zum bayerischen Biergarten darf man seine Brotzeit selber mitbringen. Nur die Weine, die müssen vor Ort gekauft werden. Weitere Informationen gibt es unter: www.der-weingarten.com.

Chat Sauvage

Weingut Chat Sauvage
Hohlweg 23, 65366 Johannisberg, www.chat-sauvage.de

Was im Jahr 2000 als skeptisch beäugtes Projekt eines wohlhabenden Hamburgers begann, hat sich inzwischen zu einer absoluten Topadresse für deutschen Pinot Noir, Chardonnay und Schaumwein gemausert. Die Weine von Chat Sauvage sind nichts für Schnäppchenjäger, aber etwas für Weinfreunde, die das Besondere suchen. Denn was Kellermeisterin Verena Schöttle dort in die Flasche bringt, lässt so manchen Besucher staunend und begeistert zurück. Nach besseren Weinen aus diesen Rebsorten muss man hierzulande sehr lange suchen.

August Kesseler

Weingut August Kesseler
Lorcher Straße 16, 65385 Assmannshausen, www.august-kesseler.de

Das Weingut August Kesseler zählt zu den allerfeinsten Rheingauer Adressen für Riesling und Pinot Noir gleichermaßen. Kein Wunder: sind doch alle Lagen des Weinguts vom VDP als Erste oder Große Lagen klassifiziert. So macht schon der Einstieg mit „The

Daily August" in rot, weiß und rosé viel Freude. Anspruchsvoller, aber dabei niemals kompliziert, sind die Lagenweine aus den Steillagen rund um Assmannshausen. Besonderes Highlight ist die Weinprobe zu Schiff, die bis zur Loreley und zurück führt.

Leitz

Weingut Leitz
Rüdesheimer Straße 8a, 65366 Geisenheim, www.leitz-wein.de

Leitz hat in den vergangenen Jahrzehnten eine beachtliche Entwicklung hingelegt. Der 1964 geborene Winzer Johannes Leitz übernahm den Betrieb im Jahr 1985 mit gerade mal drei Hektar. Seitdem vergrößerte er stetig die Rebfläche auf inzwischen mehr als 40 Hektar – ohne allerdings die Qualität zu vernachlässigen. Seine Rieslinge aus den Toplagen Rüdesheimer Berg Schlossberg, Rüdesheimer Berg Rottland und Rüdesheimer Berg Kaisersteinfels sind von allerfeinster Güte. Und wer, aus welchen Gründen auch immer, keinen Alkohol trinkt, dem sei die Linie Eins-Zwei-Zero empfohlen.

Spreitzer

Weingut Josef Spreitzer
Rheingaustraße 86, 65375 Oestrich, www.weingut-spreitzer.de

Spreitzer zählt zu den renommiertesten Adressen im Rheingau – und das völlig zu Recht. Was die Brüder Bernd und Andreas Spreitzer gemeinsam mit ihrem Team Jahr für Jahr aus ihren Weinbergen, die sich von Hattenheim bis Winkel erstrecken, in die Flasche bringen, ist herausragend. Dabei gibt es kaum eine bedeutende Lage im Rheingau, in der die beiden keine Reben haben. Immer einen Besuch wert ist die moderne Vinothek, die so gar nichts von einem Verkaufsraum hat, sondern vielmehr an eine Weinbar erinnert.

Robert Weil

Weingut Robert Weil
Mühlberg 5, 65399 Kiedrich, www.weingut-robert-weil.de

Das Weingut Robert Weil, das derzeit in der vierten Generation von Wilhelm Weil geleitet wird, zählt zu den ganz berühmten, nicht nur in Deutschland, sondern auf der ganzen Welt. In den Weinbergen des Betriebs steht ausschließlich Riesling, und was Weil mit seinem Team daraus keltert, ist beeindruckend. Bereits der Ortswein ist von geschliffener Brillanz, die sich bis zu den Großen Gewächsen in nahezu überirdische Höhen schraubt. Unbedingt probieren sollte man den Kiedricher Turmberg Erste Lage. Der Wein ist mit weniger als 30 Euro preislich einiges von den Topweinen entfernt, zeigt aber schon eine Menge von dem, was diese ausmacht. Freunde des Süßweins werden bei diesem Weingut übrigens auch auf ihre Kosten kommen. Zwar sind die Beerenauslesen und Trockenbeerenauslesen alles andere als günstig – aber sie zählen mit zu den besten ihrer Art.

Wegeler

Weingüter Wegeler Gutshaus Rheingau
Friedensplatz 9–11, 65375 Oestrich-Winkel, www.wegeler.com

Bei den Weingütern Wegeler reiht sich Auszeichnung an Auszeichnung: 2017 Aufsteiger des Jahres im Gault&Millau, 2018 Kollektion des Jahres bei Fallstaff, 2019 Weingut des Jahres im Rheingau beim Vinum Weinguide. Beeindruckend ist außerdem eine perfekt temperierte Hochlagerhalle, in der Weine des Betriebes bis in die 1950er Jahre liegen – und auf Anfrage auch verkauft werden. Besonders der „Geheimrat J", der trockene Flagschiff-Wein von Wegeler, reift dort zur Perfektion heran.

Fritz Allendorf

Weingut Fritz Allendorf
Kirchstraße 69, 65375 Oestrich-Winkel, www.allendorf.de

Mit rund 70 Hektar zählt dieser Betrieb zu den Big Playern im Rheingau. Bemerkenswert ist bei Allendorf aber nicht nur die Größe, sondern auch die Qualität der Weine. Auf dem Gut bietet zudem die Weinerlebniswelt kurzweilige Weiterbildung. Im Aromaweinberg begeben sich die Besucher auf die Spur der wichtigsten Aromen im Wein, bei einer Weinprobe vor einer Lichtinstallation erfährt man am eigenen Leib, wie leicht sich die eigene Wahrnehmung beeinflussen lässt. In den Monaten Mai, Juni, September und Oktober hat der Gutsausschank mit regionaler Küche geöffnet. Außerdem betreibt Allendorf das Brentanohaus in Oestrich-Winkel. Das sollte man nicht versäumen.

Joachim Flick

Weingut Joachim Flick
Straßenmühle, 65439 Flörsheim-Wicker, www.flick-wein.de

Einst rieten Reiner Flicks Eltern ihrem Sohn, er möge doch was Anständiges lernen … Zum Glück folgte er dieser Aufforderung nicht. Was wäre uns entgangen! Flick schafft es nämlich auf herausragende Weise, die Unterschiede seiner Weinberge in Lorch auf der einen und in Hochheim und Wicker auf der anderen Seite in die Flasche zu bringen. Diese Weine sind eine Lehrstunde in Sachen Terroir. Am besten gefallen immer wieder die Rieslinge aus dem Wicker Nonnenberg.

Prinz von Hessen

Weingut Prinz von Hessen
Grund 1, 65366 Johannisberg, www.prinz-von-hessen.com

Die Flaschen vom Weingut Prinz von Hessen sind ein echter Hingucker auf jedem Tisch. Das Design wurde mit einem Red Dot Design Award ausgezeichnet. Aber das wäre alles Schall und Rauch, wenn nicht auch der Inhalt stimmen würde. Und das tut er: die Rieslinge überzeugen mit Kraft und Eleganz, sind stilvolle und moderne Vertreter des Rheingaus.

Wurm

Weingut Wurm
Binger Weg 1, 65391 Lorch, www.weingut-wurm.de

Robert Wurm war viele Jahre lang ein bestens bezahlter Manager. Er war so viel unterwegs, dass er manchmal in einem Hotelzimmer aufwachte und sich erst daran erinnern musste, in welchem Land er gerade war. 2014 war für ihn Schluss mit diesem Leben. Er kaufte das alteingesessene Weingut Ottes und führt seitdem das vergleichsweise ruhige Leben eines Winzers. Die Weine legen Jahr für Jahr in der Qualität zu. Aber das ist nicht der einzige Grund, warum man unbedingt mal in Lorch vorbeischauen sollte. Das Weingut hat einen Gutsausschank mit wunderschönem Ausblick und einer spannenden Speisekarte, auf der sich spanische, koreanische und rheingauer Einflüsse mischen. Unbedingt probieren: Den Spätburgunder „Assmannshäuser Höllenberg".

Schlemmen und Genießen im Rheingau / Wiesbaden

Goldstein — Goldsteintal 50, 65207 Wiesbaden,
Telefon: 06 11 / 54 11 87, Internet: *www.gollners.de/goldstein*,
geöffnet täglich außer dienstags von 12 Uhr an.
Traditionsreiche Ausflugslokal mit sehr guter Küche, die regionale, asiatische, französische und österreichische Einflüsse vereint.

Klosterschänke — Kloster Eberbach, 65346 Eltville,
Telefon: 0 67 23 / 99 32 99, Internet: *www.kloster-eberbach.de*,
geöffnet täglich von 11.30 bis 22 Uhr.
Beliebtes gastronomisches Ausflugsziel mit deftiger Speisenauswahl und Weinen von den Staatsweingütern.

Schlossschänke auf dem Johannisberg — Schloss Johannisberg, 65366 Geisenheim, Telefon: 0 67 22 / 9 60 90,
Internet: *www.schloss-johannisberg.de/schlossschaenke*,
geöffnet täglich von 11.30 Uhr an, durchgehend warme Küche.
Eines der schönsten Lokale im Rheingau mit einem großen Terrassenausschank und gehobener Gasthausküche.

Brentanohaus — Am Lindenplatz 2, 65375 Oestrich-Winkel, Telefon: 0 67 23 / 8 85 40 70, Internet: *www.allendorf.de*,
geöffnet montags, donnerstags und freitags jeweils von 17 Uhr an, samstags und sonntags von 12 Uhr an, dienstags und mittwochs geschlossen.
Kleine, aber feine Mischung aus Gutsausschank und Gartenrestaurant auf den Spuren Goethes.

Gutsausschank im Baiken — Wiesweg 86, 65343 Eltville, Telefon: 0 61 23 / 90 03 45, Internet: *www.baiken.de*,
geöffnet April bis Oktober mittwochs bis freitags von 17 Uhr an, samstags und sonntags von 12 Uhr an; November bis März mittwochs bis samstags von 17 Uhr an, sonntags von 12 Uhr an.
Rustikaler Weinausschank mit beeindruckendem Blick über den Rhein und deftigem Speisenangebot.

Anleger 511 — Platz von Montrichard 2, 65343 Eltville
Telefon: 0 61 23 / 68 91 68, Internet: *www.anleger511.de*,
geöffnet montags bis freitags von 12 Uhr bis 22 Uhr, Samstag, Sonn- und Feiertag 11 Uhr bis 22 Uhr.
Ein echtes Highlight an der schönen Eltviller Uferpromenade. Bei einem Glas Riesling die Seele baumeln lassen und den Schiffen am Stromkilometer 511 beim Vorüberfahren zusehen.

Hotel und Restaurant „Zwei Mohren" — Rheinuferstraße 1, 65385 Rüdesheim-Assmannshausen, Telefon: 0 67 22 / 90 20, Internet: *www.hotel-zweimohren.de*.
geöffnet ganzjährig, vorheriger telefonischer Kontakt empfehlenswert.
Die Rheinterrasse lädt zum Verweilen und Entspannen ein. Eine zweite Gartenterrasse verströmt den Hauch des Südens. Terracotta-Töpfe mit üppigen Kräutern und mediterran anmutenden Pflanzen schaffen ein sonniges Ambiente.

Am Niederwald — Gastronomie im Besucherzentrum, Am Niederwald 4, 65385 Rüdesheim am Rhein,
Telefon: 0 67 22 / 71 03 370, Internet: *www.am-niederwald.de*.
geöffnet: Imbiss/Kiosk täglich ab 10 Uhr, Restaurant täglich ab 11 Uhr, Mittwoch Ruhetag (23.03. bis 31.10, weitere Sonderöffnungszeiten auf der Website).
Genuss mit Weitblick – im Restaurant „Am Niederwald" ist das Programm. Ein umwerfender und einmaliger Ausblick auf den glitzernden Rhein und das wogende Rebenmeer ist garantiert.

Weingut Sohns — Nothgottesstr. 33, 65366 Geisenheim, Telefon: 0 67 22 / 89 40, Internet: *www.weingut-sohns.de*.
geöffnet (Straußwirtschaft) im Sommer von Ende Juli bis September (Pause während der Weinwoche Wiesbaden), täglich ab 16 Uhr, sonntags ab 12 Uhr, Dienstag Ruhetag.
Ein traumhafter Blick ins Rheintal, mit Außenterrasse inmitten der Weinberge. Moderne Straußwirtschaft, großartige Lage.

Winzerküche für daheim:

Rheingauer Käseplatte

Im Gewölbe der RheinWeinWelt in Rüdesheim liegen zahlreiche Käse vom „Rheingau Affineur" zur Reifung. Da ist es ein besonderes Vergnügen, sich diese Köstlichkeiten auf einem Teller vorzustellen und zu genießen.

Das Angebot von Käsesorten, mit Riesling oder Spätburgunder verfeinert, ist überraschend groß.

Ein paar kleine Kostproben:

„Der Alte" mit Spätburgunder Trester
„Die Ziege" mit Heu und Rheingauer Riesling
„Der Rheingauer Runde"
„Im Weinblatt gereift"
„Zisterzienser Käse"

Ein Stück Brot, etwas Butter und ein Glas mit prickelndem „Rheingauer" – da kann auch ein trüber Frühlingsregen nicht die Freude verderben.

Rheingau / Wiesbaden und Umgebung entdecken!

RADFAHREN UND WANDERN
Radfahren ist im Rheingau ein Genuss. Denn zum einen geht es selten steile Berge hinauf und zum anderen laden unterwegs zahlreiche Weingüter und Weinprobierstände zum Verweilen und Verkosten ein. Eine gute Übersicht der Touren gibt es unter:
www.rheingau.com/radfahren

Wer lieber zu Fuß unterwegs sein möchte, der findet im Internet eine große Auswahl an langen und kurzen Touren, meist auch mit Weinbezug. Mit **Weinerlebnisweg Oberer Rheingau**, **Rheingauer Klostersteig**, **Flötenwanderweg** und **Hildegardweg** seien an dieser Stelle nur einige wenige Wanderwege erwähnt.
www.rheingau.com/wandern

Eine Übersicht organisierter Weinwanderungen findet sich hier:
www.rheingau.com/weinfeste-weinwalks

FÜHRUNGEN UND VERKOSTUNGEN
Auf dem **Eibinger Weinwanderweg** stellen jedes Jahr im Sommer zehn ausgewählte Eibinger Winzer auf der 5 Kilometer langen Wanderroute zwischen Eibingen und dem Kloster Sankt Hildegard ihre Weingüter sowie ihre Weine vor.
www.eibinger-weinwanderung.de

Sehr empfehlenswert ist die 70 Kilometer lange **Rheingauer Riesling Route** zwischen **Flörsheim** und **Lorch**. Auch mit dem Auto können Sie hier an vielen Stellen haltmachen, um die sehenswerten Schlösser, berühmten Weinlagen oder traditionellen Gutshöfe zu besuchen. In den zahlreichen Straußwirtschaften lässt es sich gut regional essen und natürlich auch trinken.

Im denkmalgeschützten Gebäude der ehemaligen Asbach Uralt Brennerei kann man den Wein auf ganz besondere Weise verkosten. In der **RheinWeinWelt Rüdesheim** präsentieren Winzer aus dem Rheingau, Rheinhessen und dem Mittelrhein ihre Weingüter und jeweils zwei ihrer Weine.
www.rheinweinwelt.de

Am ersten Wochenende nach Pfingsten findet in jedem Jahr das **Weinerlebnisweg-Fest** statt. Winzer aus Kostheim, Hochheim und Wicker stellen dort entlang des Weinerlebniswegs Oberer Rheingau ihre Weine vor. Auch regionale Speisen werden angeboten.
www.rheingau.com/weinerlebniswegfest/

Ein besonderes Highlight im Rheingau sind die kleinen **Weinprobierstände**. Ganz gleich, ob mitten in den Weinbergen oder direkt am Rhein gelegen, jeder hat seinen ganz besonderen Charme. Eine Übersicht aller Stände findet sich hier:
www.rheingau.com/weinprobierstaende

Den Rheingau spaßig erleben können Sie auf einer **Segway-Weinbergs-Tour**. Bequem rollen Sie durch die Weinberge des Weltkulturerbes und entdecken historische Stätten und einladende Straußwirtschaften wie Weingüter.
www.rheingau.com/segway/

VERANSTALTUNGEN
Bei den im Frühjahr stattfindenden **Rheingauer Schlemmerwochen** gibt es regionale Spezialitäten und Köstlichkeiten zu hervorragenden Weinen von über 100 Winzern und Gastronomen. Mit dem RMV kommen Sie ganz einfach von Weingut zu Weingut. Während dieser 10 Tage bieten die teilnehmenden Betriebe sehr besondere Veranstaltungen rund um das Thema Wein, Kulinarik und Musik an. Der junge Wein des aktuellen

Jahrgangs darf dann nach Herzenslust probiert werden. Dazu öffnen die Winzer alle ihre Keller.
www.rheingau.com/schlemmerwochen

Das **Rüdesheimer Weinfest** findet alljährlich im August statt. In der Altstadt rund um den Marktplatz gibt es von mittags bis spätabends tolle Weine und leckeres Essen.
www.ruedesheimer-weinfest.de

Jedes Jahr am ersten Wochenende im August findet in Wicker bei Flörsheim das **Wickerer Weinfest** statt. In der charmanten Altstadt des Örtchens lassen sich Schoppen und kleine Leckerbissen genießen.

Jedes Jahr am 3. Wochenende im Juli feiert ganz **Geisenheim** seine über 700 Jahre alte Linde. Das Weindorf rund um die Linde bietet edle Tropfen Rheingauer Winzer und das Showprogramm auf der Lindenbühne sorgt für die abendliche Unterhaltung.
www.lindenfest-geisenheim.de

Eine Übersicht über Veranstaltungen mit und ohne Weinbezug findet sich hier:
www.rheingau.com/kalender

Wiesbaden

RADFAHREN UND WANDERN
Von Wiesbaden aus lassen sich nicht nur schöne Wanderungen in den Rheingau unternehmen. Auch der **Taunus** mit seinen gut ausgeschilderten Wanderwegen und dichten Wäldern sowie dem Feldberg lädt zum Schnüren der Wanderschuhe ein. Radfahrer kommen hier genauso auf ihre Kosten.
www.taunus.info

FÜHRUNGEN UND VERKOSTUNGEN
Samstags von April bis Ende Oktober schenken im Rahmen des **Wochenmarktes** am Weinstand zahlreiche Wiesbadener Winzer ihre Weine aus.
www.wiesbaden.de/wochenmarkt

An sechs Terminen im Jahr kann man auf dem Neroberg eine Weinbergs-Führung mit Weinprobe unternehmen. Die einstündige Führung **Der Neroberg-Weinberg mit alter Tradition** ist auch deshalb besonders, da der Weinberg auf dem Neroberg normalerweise nicht für die Öffentlichkeit zugänglich ist.
www.wiesbaden.de

VERANSTALTUNGEN
Unbedingt empfehlenswert ist der Besuch der **Rheingauer Weinwoche** in Wiesbaden. 10 Tage lang können im August an über 100 Ständen hervorragende Weine verkostet und kulinarische Leckereien probiert werden.
www.wiesbaden.de/weinwoche

Rheinhessen

Rheinhessen

Zahlen, Daten, Fakten

Rheinhessen ist das größte deutsche Weinbaugebiet: 26.600 Hektar stehen dort unter Reben. Die berühmtesten Weinberge liegen an der Rheinterrasse von Nackenheim bis Oppenheim. Dort sind berühmte, selbstvermarktende und exportorientierte Weingüter ansässig. Im Hügelland finden sich vorwiegend kleinere bis mittelgroße Familienbetriebe und Fassweinproduzenten.

Rheinhessen liegt südlich des Rheingaus, vorwiegend zwischen den Städten Bingen, Mainz, Alzey und Worms. Das Klima ist optimal für den Weinbau. Odenwald, Taunus, Hunsrück und Nordpfälzer Bergland schützen die Region vor klimatischen Extremen. Die Durchschnittstemperaturen liegen um die 11° Celsius. Die Sonne scheint rund 1.700 Stunden pro Jahr, es regnet wenig.

Entsprechend der Größe Rheinhessens kommen viele unterschiedliche Böden vor: Löss, Flugsande, Quarzit, Porphyr und Vulkangestein. Außerdem gibt es Ton, Sand und Kies, dazu bei Nierstein und im Westen Rotliegend.

Durch die Vielfalt der Böden sind auch die Rebsorten entsprechend durchmischt. Rund 70 Prozent sind weiß, 30 Prozent rot. Mit fast 2.400 Hektar hat Rheinhessen die größte Anbaufläche von Silvaner weltweit. Die flächenmäßig bedeutendste Rebsorte aber ist der Müller-Thurgau, gefolgt von Riesling und Dornfelder.

(Quelle: Deutsche Weine – Seminarhandbuch, Hrsg.: DWI, Mainz 2017)

Müller-Thurgau

Silvaner

Interview mit Gert Reis

Gert Reis steht als Weinconsul dem Binger Weinsenat vor. Das ist eine Vereinigung, in der sich seit mehr als 40 Jahren Menschen aus der Weinbranche und Liebhaber zusammenfinden. Sie haben es sich zur Aufgabe gemacht, die Geschichte des Binger Weins zu untersuchen, gemeinsam Weinproben zu veranstalten und Ausfahren in Weinregionen und zu einzelnen Betrieben zu unternehmen. Reis arbeitet in Rheinhessen und lebt an der Nahe, kann also wunderbar für beide Regionen sprechen.

Gert Reis

Herr Reis, wie würden Sie einem Menschen, der Rheinhessen nicht kennt, die Region beschreiben?
Rheinhessen ist das größte Weinanbaugebiet Deutschlands, es erstreckt sich zwischen den Städtchen Alzey, Worms und Bingen. Die bedeutendste Stadt ist Mainz, sie zählt zu den „Great Wine Capitals" der Welt. Damit steht sie in einer Reihe mit zum Beispiel Bordeaux, San Francisco oder Verona. Typisch für die Region ist eine sanfte Hügellandschaft.

Es tut sich einiges in der Region, oder?
Ohja. In den vergangenen 15 Jahren hat die junge Generation enorm viel weiterentwickelt. Auch touristisch und gastronomisch

hat sich eine Menge getan. Rheinhessen ist eine sehr dynamische Region.

Was lohnt sich denn besonders?
So vieles! Herausheben würde ich unsere zahlreichen Weinfeste und die vielfältigen Weine. Das trifft auch auf die Nahe zu. Aber um nochmal in Rheinhessen zu bleiben: wer weiß denn schon, dass wir mit Ingelheim eine vom Rotwein geprägte Stadt haben?

Wie unterscheidet sich denn die Nahe?
Die Nahe ist eine ebenso faszinierende Region, ich habe das Glück, dort zu wohnen. Sie ist auf jeden Fall die vielfältigste in Deutschland. Eigentlich ist die Nahe eine Südwestlage, aber mit vielen Seitentälern. So gibt es auf kleinem Raum viele verschiedene Mikroklimazonen. Die Böden wechseln hier alle paar Meter. Man vermutet, dass es mehr als 180 Varianten sind. Es gibt an der Nahe sehr viele VDP-Winzer.

Nun macht der deutsche Wein in den vergangenen Jahren auch international viel von sich reden. Woran liegt das denn?
Die Winzer machen mehr miteinander als früher, da dachte man mehr an sich. Aber man hat in den letzten Jahren verstanden, dass viele gute Winzer einen Ort attraktiver machen, und davon profitieren am Ende alle.

Einzigartige Lage: Die Hundertguldenwinzer

Bei Appenheim befindet sich eine ganz besondere Lage: der Hundertgulden. Der heißt seit dem 14. Jahrhundert so, weil er damals mehrfach für viele rheinische Goldgulden verkauft wurde. Dieses Stück Erde ist so besonders, dass sich elf Kollegen zu den Hundertguldenwinzern zusammengeschlossen haben. Sie sind kein Verein, kein Unternehmen, eher so etwas wie eine verschworene Bruderschaft.

Die Winzer haben alle ihr Handwerk bei Spitzenweingütern gelernt. Sie alle haben Reben im Hundertgulden stehen und sie alle füllen nur dann einen Wein als „Hundertgulden" ab, wenn er Spitzenklasse ist. Ansonsten stehen sie sich mit Rat und Tat zur Seite.
Was ist denn nun das Besondere an dieser Lage? Was macht sie so einzigartig – nicht nur in Rheinhessen, sondern in ganz Deutschland? Da ist zum einen die Ausrichtung nach Süden und Südwesten. Dadurch bekommen die Rieslingreben besonders viel Abendsonne ab. Durch die Neigung von bis zu 38 Prozent ist die Frostgefahr nicht so hoch. Denn in Frostnächten fließt die kalte Luft einfach in Richtung des Dorfes ab. Das ist alles nicht schlecht, aber noch lange nicht einzigartig.

Doch da ist der Boden. Und der hat es im wahren Wortsinn in sich. Der Hundertgulden hat einen Untergrund aus tertiärem Kalk, weiter oben liegen Kalkmergel und Kalklehm. Das etwa zehn Hektar große Kernstück ist dann sogar die kalkreichste Lage in ganz Deutschland.

Was hat das zu bedeuten, und woher kommt der Kalk? Vor etwa 40 Millionen Jahren waren dort, wo heute Appenheim liegt, ein Meer und ein Korallenriff. Überbleibsel von abgestorbenen Korallen, Muscheln und Schnecken lagerten sich auf dem Meeresgrund ab und verdichteten sich dort im Laufe der Jahrmillionen. Wenn so eine Bodenschicht weich bleibt, entsteht Kreide – wie in der Champagne zum Beispiel. Wird das Kalkgestein sehr stark zusammengepresst, wird es irgendwann zu Marmor, auf dem kein Wein mehr gedeiht. Den Kalk jedoch lieben die Reben. Nicht ohne Grund wachsen zum Beispiel die großen Weine des Burgund auf diesem Untergrund. Man kann den Boden nämlich im Wein schmecken. Der Wein schmeckt nicht nach Kalk, aber die Säure wirkt gepuffert, nicht so spitz. Und das ist gerade beim Riesling eine feine Sache und ein Grund, die Hundertguldenwinzer hier mit einem kleinen Schwerpunkt vorzustellen.

Eberle-Runkel

Weingut Eberle-Runkel
Niedergasse 25, 55437 Appenheim, www.weingut-eberle-runkel.de

Auf elf Hektar baut der Familienbetrieb derzeit seine Weine an. Die Böden der Weinberge sind vielfältig, sie reichen von den kräftigen, vom Ton geprägten Hügeln bis hin zur sandigen Rheinebene. Die Weine haben eine knackige, frische und animierende Säure. So lädt beispielsweise der Sauvignon Blanc direkt dazu ein, von heißen Sommertagen auf der Terrasse oder im Garten zu träumen. Im

Riesling Hundertgulden ist die Säure durch den Kalkboden etwas zurückgenommen, aber immer noch präsent – ein Powerwein.

Zehnthof Knewitz

Weingut Zehnthof Knewitz
Niedergasse 31, 55437 Appenheim, www.weingutzehnthof.de

Der Zehnthof verfügt über ein breit gefächertes Sortiment. Die Weine sind im besten Sinne unkompliziert – haben sie demnächst mal mehrere Gäste zuhause? Auf eine Flasche vom Zenthof Knewitz können sich alle einigen, so unterschiedlich die Geschmäcker manchmal auch sein mögen. Besondere Empfehlung: der kräftige Sauvignon Blanc, der genug Muskeln hat, um auch ein deftiges Essen zu begleiten.

Knewitz

Weingut Knewitz
Rheinblick 13, 55437 Appenheim, www.weingut-knewitz.de

Als Ende der 00er Jahre Tobias Knewitz in den elterlichen Betrieb einstieg, kannte er nur ein Ziel: Qualität. Unterstützt von seinem Bruder Björn, seiner Lebensgefährtin Corina und Vater Gerold, brachte er das Weingut in kurzer Zeit auf einen Kurs, der nach oben zeigt. Die Einstiegsweine kosten vergleichsweise wenig Geld, machen aber schon verdammt viel Spaß. Absoluter Kauftipp: der Appenheimer Riesling Kalkstein. Der kostet nicht mal 15 Euro, hat aber alles, was ein exzellenter Riesling haben muss. Und wem das nicht reicht, der kann mit dem Hundertgulden ja noch einen draufsetzen.

Bettenheimer

Weingut Bettenheimer
Stiegelgasse 32, 55218 Ingelheim am Rhein, www.bettenheimer.de

Bevor Sie weiterlesen: Sichern Sie sich eine Kiste von Bettenheimers Riesling aus dem Hundertgulden. Dieser Wein ist schlicht beeindruckend. Wenn das erledigt ist, dürfen Sie sich dem Rest des Sortiments zuwenden. Und dabei wird eines deutlich: Bettenheimer hat eine sehr prägnante Handschrift. Er arbeitet im Keller viel mit Spontangärung und langen Hefelagerzeiten. Der Gutsausschank des Betriebes hat geöffnet von Ende Januar bis Ende Juli und von Ende August bis Anfang Dezember.

Gres

Weingut Gres
Ingelheimer Straße 6, 55437 Appenheim, www.weingut-gres.de

Nein, ein Geheimtipp ist das Weingut von Klaus Gres sicher nicht mehr. Trotzdem bekommt man hier sehr viel Wein für sein Geld. Denn Gres versteht sein Handwerk exzellent und ist bei den Preisen immer moderat geblieben. Der größte Teil seines Sortiments liegt unter zehn Euro. Die Weißweine baut Gres meist im Stahltank aus, bei Sauvignon Blanc und Chardonnay kommen auch Barriques zum Einsatz. Generell ist der Stil des Winzers eher kräftig, seine Weine bleiben dabei aber stets elegant.

Hofmann

Weingut Hofmann
Vor dem Klopp 4, 55437 Appenheim,
www.schiefer-trifft-muschelkalk.de

Klar, präzise, rasiermesserscharf – so lassen sich die Weine von Carolin und Jürgen Hofmann beschreiben. Dazu kommt eine druckvolle Würze, die die Weine zwar anspruchsvoll, aber nie anstrengend zu trinken macht. Seit 1999 ist Jürgen Hofmann im elterlichen Betrieb für die Weine verantwortlich und geht stilsicher seinen Weg. Der Riesling aus dem Hundertgulden weckt den Eindruck, dass da jemand noch längst nicht am Ende seiner Entwicklung angekommen ist. Der Wein ist brillant, aber da wird in den nächsten Jahren noch mehr kommen.

Weingut Franz
Hauptstraße 3, 55437 Appenheim, www.weingut-franz.de

Geradlinig und schnörkellos, so mag es Christopher Franz und so schmecken seine Weine. Die Böden seiner sechseinhalb Hektar Weinberge sind vom Muschelkalk geprägt und ergeben klare und kraftvolle Weißweine und ausdrucksstarke Rotweine. Am meisten mag Franz die Arbeit im Hundertgulden – und das merkt man dem Wein auch an. Druckvoll und mineralisch kommt er daher, ein idealer Begleiter zu Gerichten mit Süßwasserfischen. Ach ja: unbedingt probieren sollte man auch den Silvaner.

Die anderen Hundertguldenwinzer sind:

Weingut Schweickardt — Breitgasse 48, 55437 Appenheim, *www.weingut-schweickardt.de*

Weingut Bischel — Sonnenhof 15, 55437 Appenheim, *www.weingut-bischel.de*

Weingut Schäfer — Bechenheimer Straße 15, 55234 Nack, *www.weingut-schaefer-nack.de*

Weingut Bockius — Hintergasse 3, 55437 Appenheim, *www.bockius.jimdo.com*

WEINGÜTER, WEINE UND WINZER

Bernhard

Weingut Bernhard
Klostergasse 3, 55578 Wolfsheim, www.weingut-bernhard.de

„2012 war meine erste Lese zuhause, zusammen mit meinem Vater. Seitdem ändern wir Manches", sagt Martina Bernhard und grinst verschmitzt. Denn „Manches" scheint ein bisschen untertrieben. Die 1995 geborene Winzerin hat den (schon sehr guten) Weinen ihres Vaters das gewisse Etwas verliehen. Längere Maischestandzeiten und mehr Holz zum Beispiel bringen nun deutlich mehr Spannung und Grip in die Flaschen. Die Weine mit dem Wolf auf dem Etikett schmecken nun nicht mehr nur gut, man fühlt sie richtiggehend im Mund. Zwei Weine seien besonders empfohlen: der Silvaner Wolfsheimer St. Kathrin, der mit enormer Würze komplett aus der Reihe tanzt und der Götzenborn Chardonnay, der durch großartige Struktur und Finesse besticht. Noch einen? Ja! Die Scheurebe St. Johann, über den die Winzerin sagt: „Man muss nicht der x-te Winzer sein, der Sauvignon Blanc macht. Aber einer der wenigen, die eine richtig gute Scheu machen!" (Anmerkung: Scheurebe und Sauvignon Blanc haben oft ein ähnliches Geschmacksbild. Aber die deutsche Züchtung Scheurebe tut sich am Markt oft schwer, Sauvignon Blanc hingegen liegt im Trend.)

Beck Hedesheimer Hof

Weingut Beck Hedesheimer Hof
Schildweg 2, 55271 Stadecken-Elsheim, www.hedesheimer-hof.de

Wer den Hedesheimer Hof besuchen möchte, der sollte sich Zeit nehmen. Denn dieses Sortiment möchte von Anfang bis Ende durchprobiert werden. Immer wenn man denkt, jetzt hat man's, kommt Michael Beck oder sein Sohn Christoph mit einem weiteren Wein um die Ecke. Und man tut gut daran, niemals Nein zu sagen. Denn die beiden experimentieren gern und viel. Einen Pet Nat haben sie ebenso im Sortiment wie einen Orange-Wine, zwei extrem spannende Muskateller, einmal feinherb und einmal trocken, oder einen herausragend guten Portugieser. Von Mitte Februar bis Mitte Oktober bietet das Weingut „Rent a Picknick" an – man bekommt einen Picknickrucksack gepackt, natürlich mit einem guten Wein, und kann diesen mitnehmen auf die Wanderwege, die am Betrieb vorbeiführen. Herrliche Idee!

Eppelmann

Weingut Eppelmann
Kirchgasse 10, 55271 Stadecken-Elsheim, www.eppelmann.de

Im Weingut Eppelmann stehen die Zeichen auf Zukunft. Die junge Generation bringt immer mehr ihre Vorstellungen ein. So arbeitet der Familienbetrieb inzwischen nach den Methoden des sanften Rebschnitts und mit Begrünungseinsaaten in den Weinbergen. Außerdem wurde bei den Weinen auf das Herkunftsprinzip umgestellt, die alten Prädikatsstufen spielen keine Rolle mehr. Das tut den Weinen gut, die Lagenrieslinge sind der Knaller! Würzig, knackig, tolles Mundgefühl. Wer gerne Power im Glas hat, der greife zum Chardonnay Réserve – der hält im Keller auch gerne ein paar Jahre durch. Bei den Rotweinen ist die Cuvée aus Merlot und Cabernet Sauvignon besonders gelungen. Frische Frucht und animierende Säure machen aus diesem Wein die ideale Begleitung zur Brotzeit.

Wagner

Weingut Wagner
Hauptstraße 30, 55270 Essenheim, www.wagner-wein.de

Wein und Kultur gehören beim Weingut Wagner untrennbar zusammen. So spielt der Wein bereits seit 300 Jahren eine Rolle in der Familie. Damals wurden erste Weinberge erworben, zu jener Zeit war der Wein noch ein landwirtschaftliches Produkt von vielen. Heutzutage bauen die drei Brüder Ulrich, Andreas und Christian Wagner nichts anderes mehr an. Auf 17 Hektar entsteht eine umfangreiche Kollektion verschiedener Rebsorten. Der Riesling vom Löss ist als besonders trinkig hervorzuheben, die Réserve ist füllig und frisch zugleich, das macht Spaß. Aber zurück zur Kultur: Zum einen gibt es auf dem Weingut jedes Jahr Hoffestspiele, Diskussionsrunden und Aufführungen, zum anderen schreibt Andreas Wagner Weinkrimis und liest diese hin und wieder auch vor. Termine stehen auf der Internetseite.

Huff-Doll

Weingut Huff-Doll
Weedstraße 6, 55457 Horrwweiler, www.huff-doll.de

Blitzsaubere, frische Trinkfreude, das ist das Markenzeichen der Einstiegsweine von Bettina und Ulrich Doll. Die beiden leiten das Weingut bereits in der siebten Generation. Ihre Trauben lesen sie von Hand und selektionieren danach streng – nur das Beste kommt in den Keller und später in die Flasche. Diesen Anspruch merkt man den Weinen an. Und wenn auch die Preise im Sortiment nur moderat steigen, die Qualitäten gehen steil nach oben. So gefällt etwa der Riesling Prestige mit feinfruchtiger Würze und Kraft, bleibt dabei aber stets schlank und elegant. Ein toller Wein, der zum Essen eine gute Figur macht. Die Rotweine sind vollmundig und saftig, ihre Tannine weich und fein. Die Tropfen der Dolls machen einfach Spaß, aber auch der anspruchsvolle Weinfreund wird sich mit ihnen nicht langweilen. Auf dem Weingut gibt es immer wieder spannende Events wie Weinwanderungen oder die Eröffnung der Weinlese, bei der man selbst Hand anlegen kann. Termine auf der Internetseite.

Weingut Braunewell
Am Römerberg 34, 55270 Essenheim, www.weingut-braunewell.de

Die Zukunft hat Einzug gehalten im Familienweingut Braunewell. Axel und Ursula Braunewell führen den Betrieb seit mehr als 20 Jahren, und nun haben die Söhne Stefan und Christian ihr Weinbaustudium in Geisenheim abgeschlossen, viele Praktika im Ausland gemacht und arbeiten tatkräftig mit. Der Schwerpunkt des Betriebes liegt auf traditionellen Rebsorten wie Riesling, Silvaner und den Burgundern. Davon sollte man vor allem die Grauburgunder probieren. Die Weine begeistern mit Kraft, Würze und Struktur, sind tolle Begleiter zu kräftigen Speisen. Freunde kräftiger Rotweine kommen mit „François" auf ihre Kosten. Die Cuvée aus Syrah, Merlot, Cabernet Sauvignon und Cabernet Franc ist benannt nach dem Gründer des Weinguts, François Breiniville. Der kam im Zuge der Hugenottenverfolgung im 17. Jahrhundert aus Frankreich nach Rheinhessen. Dort heiratete er und gründete einen für die damalige Zeit typischen landwirtschaftlichen Gemischtbetrieb. Unbedingt kosten sollte man auch den Sekt, einen Blanc de Blancs, brut nature. Er landet bei Wettbewerben immer wieder ganz vorne – zu Recht.

Weitere Empfehlungen des Autors

In Rheinhessen finden sich viele sehr interessante Betriebe. Eine ganze Generation junger, gut ausgebildeter Önologen und Winzer hat es sich in den vergangenen Jahren zur Aufgabe gemacht, die Qualitäten dieses überaus günstig gelegenen Terroirs stetig zu steigern. Es würde den Rahmen sprengen, alle Erzeuger in den über 130 Weindörfern dieses größten deutschen Weinbaugebiets darzustellen. Deshalb folgt nun ohne Anspruch auf Vollständigkeit eine Liste von Weingütern, die ebenfalls alle einen Besuch Wert sind.

Adamswein — Altegasse 28, 55218 Ingelheim am Rhein, *www.adamswein.de*

St. Antony — Wilhelmstraße 4, 55283 Nierstein, *www.st-antony.de*

Battenfeld-Spanier — Bahnhofstraße 33, 67591 Hohen-Sülzen, *www.battenfeld-spanier.de*

Lisa Bunn — Mainzer Straße 86, 55283 Nierstein,
www.lisa-bunn.de

Dreissigacker — Untere Klinggasse 4-6, 67595 Bechtheim,
www.dreissigacker-wein.de

Full — Hauptstraße 21, 67591 Mölsheim, *www.christopher-full.de*

Gunderloch — Carl-Gunderloch-Platz 1, 55299 Nackenheim,
www.gunderloch.de

Juwel Weine — Außerhalb 9 am Kellerpfad, 67577 Alsheim,
www.juwel-weine.de

Kühling-Gillot — Ölmühlstraße 25, 55294 Bodenheim,
www.kuehling-gillot.de

Sekthaus Raumland — Alzeyer Straße 134,
67592 Flörsheim-Dalsheim, *www.raumland.de*

Schätzel — Oberdorfstraße 34, 55283 Nierstein, *www.schaetzel.de*

Thörle — Ostergasse 40, 55291 Saulheim, *www.thoerle-wein.de*

Wagner-Stempel — Wöllsteiner Straße 10, 55599 Siefersheim,
www.wagner-stempel.de

Weedenborn — Am Römer 4-6, 55234 Monzernheim,
www.weedenborn.de

Winter — Heilgebaumstraße 34, 67596 Dittelsheim,
www.weingut-winter.de

Wittmann — Mainzer Straße 19, 67593 Westhofen,
www.wittmannweingut.com

Schlemmen und Genießen in Rheinhessen / Mainz

Laurenz — Gartenfeldstraße 9, 55118 Mainz,
Telefon: 0 61 31 / 2 16 86 60, Internet: *www.laurenz-mainz.de*,
geöffnet täglich von 17 bis 1 Uhr, freitags und samstags bis 2 Uhr.
Moderne Interpretation des klassischen Mainzer Weinhauses mit beeindruckendem Weinkeller und innovativer Küche.

Bootshaus — Victor-Hugo-Ufer 1, 55116 Mainz
Telefon: 0 61 31 / 1 43 87 00, Internet: *www.bootshausmainz.de*,
geöffnet täglich von 11 Uhr an.
Beliebtes Ziel der Mainzer am Rhein mit moderner, regional ausgerichteter Küche und großer Weinauswahl.

Vinothek Bingen am Rhein — Hindenburganlage 2, 55411 Bingen
Telefon 0 67 21 / 30 98 99 2 Internet: *www.vinothek-bingen.de*
geöffnet montags bis sonntags von 11.00 Uhr an.
Genießen Sie ausgewählte Weine der angrenzenden Weinanbaugebiete direkt am Kulturufer.

Hofgut Laubenheimer Höhe — Auf der Laubenheimer Höhe 1-3,
55131 Mainz, Telefon: 0 61 31 / 62 22 60,
Internet: *www.hofgut-laubenheimer-hoehe.de*,
geöffnet montags bis samstags von 12 Uhr an, sonntags von 11 Uhr an.
Anspruchsvoll gestaltetes Hofgut mit Restaurant, Biergarten, Vinothek und mit wunderschöner Fernsicht.

Wasems Kloster Engelthal — Edelgasse 15, 55218 Ingelheim
Telefon: 0 61 32 / 23 04, Internet: *www.wasem.de*,
geöffnet montags bis samstags von 17 Uhr an, sonntags von 12 Uhr an, mittwochs geschlossen.
Stilsicherer Gastronomiebetrieb der Winzerfamilie Wasem mit saisonaler und regionaler Küche.

Gutsausschank Hildegardishof — Ockenheimer Chaussee 12,
55411 Bingen-Büdesheim
Telefon: 0 67 21 / 4 56 72, Internet: *www.weingut-hildegardishof.de*
geöffnet montags, freitags und samstags von 17.00 Uhr an,
sonntags von 11.30 Uhr an
Im schönen Hof des Weinguts genießt man die Weine aus der Lage „Bingerbrücker Hildegardisbrünnchen", die zum Kloster Rupertsberg der hl. Hildegard von Bingen gehörte.

Stellwerk — Bahnhofstraße 37, 55291 Saulheim,
Telefon: 0 67 32 / 9 62 86 15, Internet: *www.restaurant-stellwerk.de*,
geöffnet dienstags bis sonntags von 12 bis 14.30 Uhr und von 18 Uhr an, montags geschlossen.
Anspruchsvolles Restaurant mit modernen, unkonventionellen Gerichten und interessanten Weinen.

Winzerküche für daheim:

Forellenfilet mit Zucchini-Nudeln

Für 2 Portionen

4 geräucherte Forellenfilets (Wispertal-Forellen)

250 g kleine blaue Kartoffeln

2 mittelgroße Zucchini

Butterschmalz zum Braten

Salz

Pfeffer aus der Mühle

2 frische Pflaumen

75 g Meerrettichsahne

2 Stängel Dill

Die blauen Kartoffeln mit der Schale in Salzwasser mit einer Prise Zucker kochen lassen. Dabei aufpassen, denn sie sind sehr schnell gar.

In der Zwischenzeit die Zucchini halbieren, entkernen und mit einem Spiralschneider in Nudelform schneiden. In einer Pfanne mit heißem Butterschmalz andünsten. Pfeffern, salzen und warm stellen.

Die Kartoffeln vorsichtig pellen und in Scheiben schneiden.

Alles anrichten, nochmals würzen und die Pflaumen mit einer Blüte, z. B. einer Kornblume, dekorieren. Meerrettichsahne dazu geben.

Dazu bietet sich ein feinherber Riesling an.

Rheinhessen / Mainz und Umgebung entdecken!

RADFAHREN UND WANDERN

In Rheinhessen gibt es zahlreiche Wander- und Radwege zu entdecken und erleben. Eines hat man dabei stets im Blick: die vielen Weinberge mit ihren Reben. Insbesondere mit einem guten Schoppen im Gepäck lässt sich die „deutsche Toskana" hervorragend erkunden.
www.rheinhessen.de/erlebnis | www.radwanderland.de

Ganz besonders interessant für Weinenthusiasten, Wanderfreunde und auch Radsportbegeisterte ist der **RheinTerrassenWeg** zwischen Mainz und Worms. Auf kurzer oder langer Route lässt sich auf dem etwa 75 Kilometer langen Wanderweg die rheinhessische Weinregion genussvoll erkunden. Freuen Sie sich auf tolle Ausblicke auf den Rhein und bis nach Frankfurt, zum Rheingau, Taunus und Odenwald und durchstreifen Sie weltberühmte Weinlagen wie den Roten Hang.
www.rheinhessen.de/rheinterrassenweg

Eine Übersicht organisierter Weinwanderungen lässt sich folgender Website entnehmen:
www.weinwanderung.net/rheinhessen

VERANSTALTUNGEN

Weinfeste gibt es in Rheinhessen zuhauf. Gerade im Sommer kann man hier beinahe jedes Wochenende die Weine der Region feiern und genießen. Im Folgenden seien nur einige wenige erwähnt:

Immer zwischen Ende August und Anfang September feiert man in **Bingen** den Wein mit dem **Winzerfest**. Ganze elf Tage lang kann man hier den Sommer ausklingen lassen und dem Wein frönen. Außerdem findet jedes Jahr Ende Mai die „Nacht der Verführung" statt. Winzer und Caterer laden auf den **Binger Rochusberg** zur romantischen Wein-Nacht ein.
www.bingen.de

Jährlich im August findet in **Nierstein** das **Winzerfest** statt. Dort kann man unter anderem Spitzen-Rieslinge und -Silvaner vom berühmten Roten Hang probieren und genießen. Mit **Wein am Rhein** im Juni findet in Nierstein zudem ein weiteres Weinfest statt.
www.nierstein.de/veranstaltungen

FÜHRUNGEN UND VERKOSTUNGEN
Erleben Sie die **Binger Weine** bei einer Weinwanderung, Planwagenfahrt oder bei Weinproben an exklusiven Orten.
www.bingen.de

Mainz

RADFAHREN UND WANDERN
Die Stadt **Mainz** bietet geführte Wanderungen und Rundfahrten durch die Weinberge der Umgebung an. Zudem stehen Weinproben bei Winzern und andere Veranstaltungen auf dem Programm.
www.mainz-tourismus.com

FÜHRUNGEN UND VERKOSTUNGEN
Der Kulturspaziergang „**E Häppche un e Piffche**" lädt Besucher zu einem Stadtrundgang mit einem Besuch in drei Weinstuben ein.
www.mainz-tourismus.com/stadtfuehrungen/

Die **Rheinhessenvinothek** im Proviantamt ist mit dem Best of Wine Tourism Award ausgezeichnet. Hier finden sich Weine aus Rheinhessen und von den anderen Mitgliedern des Great Wine Capitals Netzwerk.
www.proviant-magazin.de

VERANSTALTUNGEN

Mainzer Weintage — An vier Tagen Ende April/Anfang Mai wird das Rheinufer zwischen Kaiserplatz und Theodor-Heuss-Brücke zur Weinerlebniswelt. Namhafte Winzer aus der Region schenken ihre Weine aus, zahlreiche örtliche Gastronomen bieten rheinhessische Spezialitäten an.
www.mainzer-weintage.de

Mainzer Weinmarkt — Ende August und Anfang September findet im Stadtpark das größte Mainzer Weinfest statt. Die meisten der ausgeschenkten Weine kommen aus Mainz und Rheinhessen. Im Weindorf der Great Wine Capitals präsentiert sich jedes Jahr eine andere internationale Weinhauptstadt.
www.mainzer-weinmarkt.de

Weinforum Rheinhessen — Im Oktober können Weinliebhaber drei Tage lang rund 100 ausgezeichnete Weine und Sekte aus Rheinhessen verkosten. Dazu gibt es ein umfangreiches Veranstaltungsprogramm.
www.rheinhessen.de/weinforum-rheinhessen

Marktfrühstück — Von Mitte März bis Mitte November veranstaltet der Verein „Die Mainzer Winzer" jeden Samstag (außer an der Mainzer Johannisnacht) auf dem Liebfrauenplatz das Marktfrühstück. Von etwa 9 bis 16 Uhr gibt es natürlich Wein, kulinarische Kleinigkeiten können sich die Besucher vom parallel stattfindenden Wochenmarkt holen.
www.diemainzerwinzer.de

Churfranken im Spessart-Mainland

Churfranken im Spessart-Mainland

Zahlen, Daten, Fakten

Insgesamt verfügt Franken über rund 6.100 Hektar Rebfläche, im Spessart-Mainland liegen davon gerade mal 400. Das Klima ist überwiegend kontinental. Das bedeutet trockene Sommer und sehr kalte Winter. Die jährliche Sonnenscheindauer liegt bei bis zu 1.750 Stunden, der Niederschlag bei bis zu 600 mm.

Franken ist bekannt für seine Böden aus dem Dreiklang von Buntsandstein, Muschelkalk und Keuper – im Spessart-Mainland herrscht der Buntsandstein vor. Dort dominiert der Spätburgunder, während der Rest der Region mit rund 80 Prozent von weißen Rebsorten geprägt ist. Silvaner ist hierbei die bedeutendste, Müller-Thurgau liegt flächenmäßig noch knapp vorne (Stand 2018) und erfährt eine kleine Renaissance durch Winzer, die die Sorte ernst nehmen und spannende Weine aus ihr keltern.

(Quelle: Deutsche Weine – Seminarhandbuch, Hrsg.: DWI, Mainz 2017)

Spätburgunder-Traube

Interview mit Hermann Mengler

Hermann Mengler ist Weinfachberater für den Bezirk Unterfranken – hinter diesem etwas sperrigen Titel verbirgt sich ein Mann, der sich mit den Weinen Frankens auskennt wie kaum ein zweiter. Dabei ist Mengler sich sowohl den Traditionen der Region bewusst als auch offen für die Zukunft.

Hermann Mengler

Herr Mengler, warum lohnt sich ein Besuch in Churfranken?
Das ist ganz einfach: Franken ist natürlich einmalig. Wir begegnen hier der besonderen Art des Mains – er ist einer der wenige Flüsse, die von Ost nach West fließen mit vielen Mäandern. Er prägt die Landschaft extrem mit seinen steilen Prallhängen, an denen Wein wächst, und den flacheren, an denen Obst und Spargel gedeiht.

Ist das Klima im Verlauf des Mains sehr unterschiedlich?
Ohja! Wir haben von Aschaffenburg bis Bamberg einen Unterschied im Jahresmittel von 1,5° Celsius. Jeder, der sich ein bisschen mit dem Anbau von Obst und Gemüse auseinandersetzt, weiß, was das bedeutet.

Wie sieht's mit den Böden aus?
Im Bereich Spessart-Mainland, also rund um Aschaffenburg, haben wir Buntsandstein. Auf diesem sandigen Boden mit hohem Eisengehalt ist viel Rotwein zuhause. Woran erkenne ich einen

Wein aus Churfranken? Die Weine sind in jedem Fall blumiger und duftiger als andere Frankenweine. Das liegt daran, dass der Buntsandstein viel Eisen und einen niedrigen Ph-Wert hat, weil aller Kalk im Laufe der Jahre ausgewaschen wurde. Das führt dazu, dass die Weißweine frischer und etwas säurebetonter wirken und nicht so gelbfruchtig. Auch bei den Rotweinen haben wir meist eine etwas präsentere Säure. Die Weine wirken kühler, hier und da finden wir leichte Mentholnoten.

Welche Weine lohnen sich besonders?
Die Weine vom Weingut Rudolf Fürst sind ein wunderbares Beispiel für Spätburgunder vom Buntsandstein.

Mit welchem regionstypischen Essen lassen sich diese Weine besonders gut kombinieren?
Ich könnte jetzt sagen mit allem ... Die Weine sind geprägt von Finesse und Kühle und nicht von Opulenz. Also gehen sie gut mit allem, was über Reduktion verfügt, Jus oder Wild, aber keine Schmorgerichte. Gut geht auch immer kurzgebratenes, rotes Fleisch, das nicht komplett durchgegart ist.

Was muss ich über die Geschichte der Region wissen?
Mittlerweile ist Churfranken gut in Szene gesetzt. Aber lange Jahre, bis 1803, gehörte es zum Bistum Mainz, heute zu Bayern. Die Menschen fühlen sich noch immer zwischen den Regionen, sie sind weder richtig Hessen noch Franken. Das sieht man gut an der Sprache. Ich habe einige Zeit in Erlenbach am Main gelebt. Dort sagte man nicht wie in Würzburg „Wir gehen ins Bett", sondern „Wir machen ins Bett", das ist ganz klar hessisch geprägt. Churfranken ist einfach Churfranken, weder das eine noch das andere. Was

man im Rest Frankens auch nicht so stark ausgeprägt findet, ist die Kultur der Häckerwirtschaften.

Wohin geht die Reise in der Zukunft?
Churfranken ist derzeit sehr klein strukturiert. Ich hoffe, dass sich noch mehr Betriebe entwickeln, ich hoffe auf größere und statthaftere Betriebe, die als Botschafter für die Region unterwegs sind. Außerdem hoffe ich, dass sie an der Kultur des Rotweins festhalten.

WEINGÜTER, WEINE UND WINZER

Rudolf Fürst

Weingut Rudolf Fürst
Hohenlindenweg 46, 63927 Bürgstadt, www.weingut-rudolf-fuerst.de

Hier und da hört man immer noch das Vorurteil, dass es in Deutschland keinen guten Rotwein gebe. Einer der ersten, der das widerlegt hat, ist Paul Fürst. Als er vor gut 30 Jahren den Betrieb seiner Eltern übernahm, war sein Name in der Weinwelt ebenso unbekannt wie Bürgstadt oder der Centgrafenberg. Aber Fürst hatte ehrgeizige, vom Burgund inspirierte Pläne und nach und nach sprach sich herum, dass dort in Churfranken etwas ganz Besonders passiert. Seit einigen Jahren trägt nun Sohn Sebastian die Hauptverantwortung im Betrieb. Und was kaum möglich schien, ist ihm gelungen – er hat die Qualität noch ein bisschen weiter nach oben geschraubt. Was die Fürsts aus den Rebsorten Spätburgunder und Frühburgunder keltern, ist nicht nur deutsche Spitze. Ihre besten Weine können sich mit denen aus dem Burgund messen. Wer jetzt meint, diese Weine seien unbezahlbar und man könne aufhören zu lesen, macht einen Fehler. Es stimmt zwar, dass die Großen Gewächse jenseits der 50 Euro liegen, der Hundsrück gar bei 125 Euro. Aber: Die Gutsweine, also die einfachsten des Betriebes, kosten wirklich nicht die Welt. Sie spielen aber so manch teureren Wein der Konkurrenz locker an die Wand. Das geht natürlich nur mit akribischer Arbeit in den Weinbergen. Kommen die Trauben dann perfekt gesund im Keller an, müssen die Fürsts und ihre Lehrlinge dort gar nicht mehr so viel machen. Die Rotweine durchlaufen eine offene Maischegärung und reifen danach für zwölf bis 20 Monate in burgundischen Fässern mit 228 Litern. Danach kommt der Wein unfiltriert in die Flasche. Die Weißweine werden schonend gepresst, vergären in Holzfässern verschiedener Größe oder im Stahl und reifen ein halbes bis ein Jahr.

Benedikt Baltes

Weingut Benedikt Baltes
Wilhelmstraße 107, 63911 Klingenberg,
www.weingut-benedikt-baltes.de

„Für uns ist eine Flasche Wein mehr als nur Wein. Da steckt Herzblut drin, Leidenschaft drin, Erinnerung drin", sagt Winzer Benedikt Baltes. Das würde man bei den meisten anderen als Marketing-Gequatsche abtun. Nicht so bei Baltes, denn der junge Mann ist auf direktem Weg in die Topliga des deutschen Spätburgunders, die einzige Rebsorte in seinen Weinbergen. „Spätburgunder ist für uns das Medium, mit dem wir unsere Heimat darstellen", sagt er. Nur wenige Rebsorten könnten das Terroir, auf dem sie gewachsen sind, so gut abbilden, wie Burgunder das tun. Außerdem ist Baltes einer, der sich viele Gedanken um das macht, was er tut. So setzt er beispielsweise seit einigen Jahren Schafe zur Beweidung und zum Düngen seiner Weinberge ein.

Lieber seltener Wein trinken, dafür dann aber einen guten, ist das Credo des Winzers. Man hänge sich in seiner Wohnung ja auch lieber ein schönes Bild auf statt viele mittelmäßige, meint er. „Großer Wein muss einen berühren", sagt er. „Das kann nicht kommen, weil einer da steht und erzählt dir das oder weil er teuer ist. Einen großen Wein erkennt man, weil er dich sofort berührt." Bei Baltes trifft das vor allem auf seine Großen Gewächse zu, den Großheubacher Bischofsberg, den Bürgstädter Hundsrück und den Klingenberger Schlossberg. Wer auf der Suche nach einem etwas günstigeren Wein ist, der greift am besten zum Großheubacher Spätburgunder „Alte Reben". Dieser Wein zeigt schon viel von dem, zu was die Topweine in der Lage sind.

Burkhardt Schür

Sekthaus Burkhardt Schür
Raiffeisenring 7, 63927 Bürgstadt am Main,
www.burkhardtschuer.de

Deutscher Sekt ist gerade im Aufwind. Immer mehr Winzer produzieren Schaumweine, die sich hinter keinem anderen verstecken müssen – manchmal nicht einmal hinter dem großen Vorbild Champagner. Das ist auch dem jungen Sekthaus Burkhardt Schür gelungen, und das nur innerhalb weniger Jahre. 2012 gründeten Laura Burkhardt und Sebastian Schür ihren Betrieb, 2018 kamen die ersten Flaschen auf den Markt. „Wir hatten schon lange die Idee, uns selbstständig zu machen", sagt Burkhardt. „Aber womit, ohne dass es hier im Ort jemandem weh tut? Wir wollten auch nicht noch einen Riesling, Spätburgunder oder Silvaner machen. So kamen wir auf die Idee mit dem Sekt." Die Voraussetzungen waren nicht schlecht. Beide sind studierte Önologen, Burkhardt ar-

beitete jahrelang für den renommierten Weinhändler Vinaturel, Schür ist Außenbetriebsleiter des Weinguts Fürst (Siehe Seite 104). Dort kann der junge Betrieb seine Trauben annehmen und verarbeiten, reifen tun die Weine dann in einem Buntsandsteinkeller in Bürgstadt. Eigene Weinberge hat Burkhardt Schür nicht, sie kaufen die Trauben bei Winzern, die sie gut kennen. „Das hat den Vorteil, dass wir uns nach dem Baukastenprinzip das aussuchen können, was wir haben wollen", sagt Burkhardt. Sie verwenden nur die drei bedeutenden Rebsorten, aus denen auch Champagner gemacht wird: Pinot Meunier, Pinot Noir und Chardonnay. Und das bereits jetzt mit einer derartigen Eleganz und Finesse, dass man sehr gespannt sein darf, was die beiden in den nächsten Jahren noch alles keltern. Besondere Empfehlung: Der Blanc de Meuniers Brut Nature – eher kein Aperitif, aber ein toller Essensbegleiter.

Giegerich

Weingut Giegerich
Weichgasse 19, 63868 Großwallstadt, www.weingut-giegerich.de

Weingüter machen oft und gerne Werbung mit ihrer Tradition. Das kann Giegerich nicht, den Betrieb gibt es erst seit 1996 – weinbaugeschichtlich ein Wimpernschlag. Umso beachtlicher ist, was Helga und Klaus Giegerich in dieser Zeit geschafft haben. Die Weine überzeugen alle mit enormer Trinkfreude, gleiten dabei aber niemals ins Banale ab. Bereits die Linie „Terra" überzeugt mit Struktur und Würze. Das ist viel Wein für wenig Geld. Richtig gut wird es dann bei den Weinen aus der „Carus"-Linie. Unbedingt probieren: den Riesling. Das ist der Beweis, dass richtig guter Stoff aus dieser Rebsorte aus Franken kommen kann und nicht die Welt kosten muss. Übrigens ist die nächste Generation der Giegerichs, Sohn Kilian, seit 2012 ebenfalls im Betrieb. Und so wird es auch in diesem Betrieb eines Tages heißen: „In soundsovielter Generation bewirtschaften wir …"

Weingut Josef Walter
Freudenberger Straße 21-23, 63927 Bürgstadt,
www.weingut-josef-walter.de

Das ist ein Weingut, wie man es nicht alle Tage findet. Geradezu winzig klein mit seinen dreieinhalb Hektar und der Abneigung, beim Rotwein junge Jahrgänge zu verkaufen. Walter hat Spät- und Frühburgunder in der Toplage Centgrafenberg stehen und besonders diesen Weinen tut die Reife von einigen Jahren richtig gut. Sie haben sich gefunden, präsentieren sich mit sanften Gerbstoffen und voller Harmonie. Und wer hätte gedacht, dass ein sechs Jahre alter Wein aus der oft unterschätzten Rebsorte „Domina" so grazil und doch kraftvoll daherkommen kann? Wer gereifte Weine mag, der wird diese lieben. Und wer so etwas noch nicht probiert hat, der kann hier zu zivilen Preisen damit anfangen. Bei all der Schwärmerei über die Rotweine darf aber nicht unerwähnt bleiben, dass Walter auch ganz wunderbare Rieslinge und Silvaner abfüllt.

Stich – Im Löwen

Weingut Stich
Im Löwen, Freudenberger Straße 73, 63927 Bürgstadt,
www.weingut-stich.de

Das kleine und sympathische Weingut hat seinen Sitz im ehemaligen Gasthaus „Zum Löwen" – daher der Name. „Weine mit Charakter für Menschen mit Charakter" ist der Slogan des Familienbetriebes. Und das ist nicht nur so dahergeredet. Der Schwerpunkt liegt auf den Rebsorten Silvaner und Spätburgunder. Sehr zu empfehlen sind hierbei der Prichsenstadter Silvaner Kabinett, ein würzig-leichter Vertreter seiner Art, und der Spätburgunder „Großes Holz" aus dem Bürgstädter Berg, ein angenehm kantiger Speisenbegleiter.

Sturm

Weingut Sturm
Freudenberger Straße 91, 63927 Bürgstadt, www.weingut-sturm.com

Winzer wollte Felix Sturm eigentlich nicht werden. „Aber nach meinem landwirtschaftlichen Fachabitur habe ich ein Praktikum beim Juliusspital in Würzburg gemacht", sagt er. Und das gefiel ihm so gut, dass er doch eine Ausbildung zum Winzer machte und danach in Geisenheim ein Studium in Weinbau und Önologie dranhängte. Während dieser Zeit arbeitete er bereits im elterlichen Betrieb mit und stellte sanft erste Weichen in Richtung Zukunft. Wie die aussehen soll, kann man der Linie „Made by Felix" erkennen, etwa an der knochentrockenen Scheurebe mit Namen „Mama's Liebling". Der Wein ist spontan im 400-Liter-Holzfass vergoren und lag vor der Füllung ein Dreivierteljahr auf der Hefe. „Das ist eine ernstere Scheu, die auch ein Essen gut begleiten kann. Sie ist nicht laut oder aufdringlich, sondern kommt über die Länge", sagt der Winzer, der seit Juli 2018 wieder zuhause ist und mit dem Vater zusammenarbeitet. In diese Richtung sollen künftig alle höherpreisigen Weine des Betriebes gehen. Niedrige Erträge im Weinberg, Spontangärung, Ausbau im Holzfass und einen Tick mehr Säure sind die Stichworte. Besonders zu empfehlen ist auch der Weißburgunder aus dem Centgrafenberg, der mit Würze, Cremigkeit und einer beeindruckenden Länge begeistert.

Schlemmen und Genießen im Spessart-Mainland / Churfranken

Hotel Weinhaus Stern — Hauptstraße 23/25, 63927 Bürgstadt, *www.hotel-weinhaus-stern.de*
Familiengeführter Betrieb mit bodenständigen Gerichten und einer schönen Gartenterrasse.

Gasthaus zum Riesen — Hauptstraße 219, 63897 Miltenberg, Telefon 0 93 71 / 98 99 48, *www.riesen-miltenberg.de*
Bodenständige, fränkische Küche. Hauseigene Brauerei.

Zum Fegerer — Schlossgasse 14, 63739 Aschaffenburg, Telefon: 0 60 21 / 1 56 46, Internet: *www.fegerer.de*, geöffnet täglich von 11.30 bis 14 Uhr und von 17 Uhr an.
Traditionsreiches Gasthaus in der Aschaffenburger Altstadt mit guter Weinauswahl und deftiger Küche.

Goldner Engel — Miltenberger Straße 5, 63925 Laudenbach am Main, Telefon: 0 93 72 / 9 99 30, Internet: *www.goldner-engel.de*, geöffnet täglich außer mittwochs von 12 bis 14 Uhr und von 17.30 bis 21 Uhr.
Bodenständiger fränkischer Gasthof mit regionaler Frischeküche.

Abt- und Schäferstube — Landhotel Schafhof, Schafhof 1, 63916 Amorbach, Telefon: 0 93 73 / 97 330, Internet: *www.schafhof.de*, geöffnet mittwochs bis sonntags von 12 bis 14 Uhr und von 18.30 bis 21 Uhr.
Anspruchsvolles Gourmet-Restaurant mit großer nationaler und internationaler Weinkarte.

Winzerküche für daheim:

Bratwurstfüllung in der Schmorgurke

Für 4 Portionen
4 grobe Bratwürste
4 dicke Gurken
(Vespergurken)
1 EL Tomatenmark
2 Stängel Oregano
Salz
Pfeffer
200 ml Weißwein, trocken
200 ml Gemüsebrühe
200 g Tomaten (je nach Angebot)
1 EL Olivenöl
Öl zum Anbraten

Von den Bratwürsten die Pelle abziehen und die Bratwurstfüllung fein hacken. Oregano waschen und die Blättchen fein hacken.

Die Gurken waschen, abtrocknen und streifenförmig schälen, d. h. längs der Gurke schälen und immer ein Stück Schale stehen lassen. Der Länge nach durchschneiden. Mit einem Löffel die Gurke aushöhlen. Die Kerne entsorgen und das übrige Gurkenfleisch kleinhacken. In einen gut eingeölten Schmortopf legen.

Das Bratwurstbrät mit Oregano und dem gehacktem Gurkenfleisch mischen und würzen. In die ausgehöhlten Gurken-Schiffe verteilen. Auf dem Herd anschmoren lassen. Nach 10 Minuten Wein und Brühe zugeben und für weitere 30 Minuten zugedeckt schmoren lassen. In der Zwischenzeit die Tomaten waschen, putzen und kleinhacken. Mit Salz und Pfeffer würzen und das Olivenöl zuschütten. Auf die fertig geschmorten Gurken-Schiffchen verteilen.

Dazu schmeckt geröstetes Brot. Ein kräftiger, trockener Pinot Noir rundet das Ganze ab.

Spessart-Mainland / Churfranken entdecken!

RADFAHREN UND WANDERN

Der **Fränkische Rotwein Wanderweg** verbindet auf 79 Kilometern, unterteilt in sechs Etappen, viele der Weinlagen im Spessart-Mainland. Start ist in Großwallstadt. Der Weg verläuft dann zunächst zum Weinort Großostheim und dann über die Römerstadt Obernburg zum Weinort Rück mit dem idyllischen Kloster Himmelthal. Es folgen Erlenbach am Main, der wohl schönste Abschnitt auf den Buntsandsteinterrassen nach Klingenberg und von dort über Großheubach und Miltenberg nach Bürgstadt.
www.churfranken.de

FÜHRUNGEN UND VERKOSTUNGEN

Die Initiative **terroir f – magische Orte des Frankenweins** verbindet architektonische Juwele mit Ausblicken über die Weinlagen einer Region. Zwei dieser Punkte liegen im Spessart-Mainland, und zwar bei Alzenau und Erlenbach.
www.franken-weinland.de/erlebnis/terroir-f

In der **Churfrankenvinothek** in Bürgstadt findet sich eine bemerkenswerte Auswahl von Weinen aus der Region.
www.churfrankenvinothek.de

VERANSTALTUNGEN

Jedes Jahr finden im Herbst die **Wild- und Weinwochen** statt. Bis zu 30 Gastronomen bieten ihre exquisiten Wildgerichte an und empfehlen dazu edle Weine aus der Region.
www.wildundweinwochen.de

Einen Überblick über sämtlich Weinfeste, Führungen und sonstige Veranstaltungen können Sie hier finden:
www.spessart-mainland.de | www.gaestefuehrer-weinerlebnis.de

Hessische Bergstraße

Hessische Bergstraße
Zahlen, Daten, Fakten

Das Weinbaugebiet Hessische Bergstraße ist mit 450 Hektar kleiner als manche Weinbaugemeinde in anderen Regionen. Die bedeutendste Rebsorte ist Riesling, der meist trocken oder halbtrocken ausgebaut wird. Eine lokale Besonderheit ist der Rote Riesling, der hier wieder verstärkt angebaut wird (www.land-des-roten-rieslings.de). Die meisten Weine werden direkt in der Region vermarktet und getrunken. Im Rest der Republik oder im Export spielt die Hessische Bergstraße nahezu keine Rolle. Das Anbaugebiet ist zweigeteilt. Der größere Teil liegt grob gesagt zwischen Darmstadt und Mannheim mit Schwerpunkten in Bensheim, Auerbach und Heppenheim. Der zweite (und wesentlich kleinere) Teil liegt weiter östlich rund um Groß-Umstadt und trägt umgangssprachlich den Namen Odenwälder Weininsel.

Prägend für das Klima ist der Odenwald. Er schützt die Region vor kalten Winden aus Osten und Norden. Die Flüsse Rhein, Main und Neckar dienen als Wärmespeicher. Pro Jahr fallen etwas mehr als 700 mm Regen, die Sonne scheint etwa 1.600 Stunden und die Durchschnittstemperatur beträgt 10° Celsius.

Die Böden bestehen hauptsächlich aus nährstoffarmen und trockenen Flugsanden sowie Löss. Nur in den Steillagen bei Heppenheim findet sich auch Buntsandstein.

Die bedeutendste Rebsorte ist mit mehr als 40 Prozent unangefochten der Riesling, gefolgt von Grauburgunder und Spätburgunder.

(Quelle: Deutsche Weine – Seminarhandbuch,
Hrsg.: DWI, Mainz 2017)

Schwarzriesling

Interview mit Patrick Staub & Oliver Schröbel

Das Weinanbaugebiet Hessische Bergstraße besteht aus zwei Teilen. Der Großteil der Weinberge liegt rund um Bensheim und Heppenheim. Aber dann gibt es noch eine kleine Enklave um Groß-Umstadt, die Odenwälder Weininsel. Deshalb kommen hier zwei Menschen zu Wort, die sich in ihren Gebieten sehr gut auskennen.

Patrick Staub ist Geschäftsführender Vorstand der Genossenschaft Bergsträßer Winzer. 180 aktive Mitglieder bewirtschaften knapp 220 Hektar Rebfläche an der Hessischen Bergstraße. Das ist fast die Hälfte der Anbaufläche des Gebietes.

Herr Staub, warum lohnt sich ein Besuch an der Hessischen Bergstraße?
Obwohl wir ein sehr kleines Gebiet sind, kann man bei uns gigantisch viel entdecken. Wir haben eine riesige Produktvielfalt, an einem Tag kann man hier Weinbau von A bis Z sehen. Obwohl die Hessische Bergstraße so klein ist, haben wir ein Rebsortenspektrum wie die großen Gebiete. Außerdem sind wir sehr innovativ bei den neuen pilzwiderstandsfähigen Sorten (Piwis). Und wir sind seit Jahrzehnten auf Süßwein spezialisiert. In unserem Archiv liegen Flaschen zurück bis 1956, die kann man auch noch kaufen.

Und man kann hier toll wandern. Mein Geheimtipp: Der Bismarckturm auf dem Hemsberg. Dort kann man sehr gut und bodenständig einkehren.

Beschreiben Sie jemandem, der noch nie an der Hessischen Bergstraße war, das Gebiet. Wie sieht es dort aus?

Die Hessische Bergstraße liegt an den Westhängen des Odenwaldes. So haben wir viele nach Südwesten ausgerichtete Hänge. Das ist gut für den Weinbau und man kann von dort fantastische Sonnenuntergänge beobachten. Man hat einen wunderschönen Blick über die Rheinebene, sieht das rheinhessische Hügelland, den Pfälzerwald und manchmal sogar

Patrick Staub

die Vogesen. Unser Gebiet ist sehr kleinteilig strukturiert, da es hier wenig bis keine Flurbereinigung gab. Dadurch haben wir uns viel Ursprüngliches bewahrt.

Woran erkenne ich einen Wein von der Hessischen Bergstraße?

Sie haben eine relativ milde Säure. Also wem Riesling sonst zu säurebetont ist, dem könnte einer von uns trotzdem schmecken. Die Weißweine von hier sind generell frisch und fruchtbetont, Holzeinsatz spielt kaum eine Rolle. Beim Rotwein geht der Trend eindeutig zu den internationalen Rebsorten wie Merlot und Cabernet Sauvignon, die werden dann – wenn es der Jahrgang erlaubt – gerne im Holz ausgebaut.

Was für Weine lohnen sich denn besonders?

Die gereiften Süß- und Rotweine. Aber auch die neuen Rebsorten, die Piwis. Bei denen kann man am meisten entdecken. Unser Topseller ist zum Beispiel der Rote Riesling feinherb.

Zu welchem regionstypischen Essen passt der denn besonders gut?
Spargel aus dem hessischen Ried.

Wohin geht die Reise der Hessischen Bergstraße in der Zukunft?
Das ist ein hochspannendes Thema. Das Klima hat sich erwärmt und wir können inzwischen Rebsorten anbauen, die noch vor zehn oder 15 Jahren undenkbar waren. Ich denke, wir werden immer mehr Rotweine im südeuropäischen Stil haben. Das bekommen viele Winzer und Kellermeister inzwischen sehr gut hin. Der Riesling wird sich verringern. Ich bemerke, dass der Trend eindeutig zu mehr Vielfalt und zu den Burgundersorten geht. Roséweine werden auch immer beliebter; die schon erwähnten Piwis und auch aromatische Sorten wie Goldmuskateller oder Gewürztraminer kommen bei den Kunden sehr gut an.

Fährt man von den Hängen rund um Bensheim und Heppenheim etwas mehr als 40 Kilometer nach Nordosten, erreicht man die Odenwälder Weininsel. Das sind rund 85 Hektar Weinberge, die verteilt auf drei Hügel rund um Groß-Umstadt liegen. Die Mitglieder der Genossenschaft „Vinum Autmundis" bewirtschaften davon mehr als 70 Hektar. Oliver Schröbel ist Geschäftsführer der Genossen und weiß um die Besonderheiten der Weininsel.

Herr Schröbel, wie unterscheiden sich denn die eigentliche Bergstraße und die Weininsel voneinander?

Nicht so sehr. Bei uns ist es in der Regel ein bisschen kühler, so dass wir bei der Vegetation vier bis sechs Tage hinter dem Rest der Bergstraße liegen. Das kann bei Wetterextremen wie 2018 ein Vorteil sein.

Wie sieht es bei den Rebsorten aus?

Oliver Schröbel

Wir haben einen Fokus auf Riesling. Er steht in etwa 30 Prozent unserer Weinberge. Aber wir sind auch schon ein bisschen von Franken beeinflusst – das liegt uns geografisch näher als Heppenheim – und bauen auch Silvaner an. Generell haben wir ein riesiges Rebsortenspektrum. Bei uns verlässt kein Kunde die Vinothek ohne einen passenden Wein für sich.

Warum lohnt sich ein Besuch auf der Odenwälder Weininsel?

Wer ist denn nicht gerne mal auf einer Insel? Im Ernst: Wir haben zum Beispiel einen ganz neuen Weinlehrpfad in der Lage Herrnberg. Aber auch neben dem Wein haben wir viele andere Dinge zu bieten. Kulturell zum Beispiel sind wir ganz weit vorne. Oder was kaum jemand weiß, wir haben die größte portugiesische Gemeinde außerhalb Portugals. Das prägt die Gastronomie und bringt eigene Feste mit sich.

Beschreiben Sie jemandem, der noch nie auf der Weininsel war, das Gebiet. Wie sieht es dort aus?
Wir liegen am Nordrand des Odenwaldes. Es ist nicht flach bei uns aber auch nicht allzu bergig, alles in allem sehr abwechslungsreich. Aber wenn man am Fuße eines Weinbergs steht und hinauf will, muss man sich schon ein bisschen bewegen. Ich mag sehr bei klarem Wetter den Blick Richtung Taunus und zur Frankfurter Skyline. Wir haben hier Landleben, aber die Hand an der Großstadt.

Was für Weine lohnen sich besonders?
Abgesehen von Riesling, Müller-Thurgau und Silvaner finde ich Sorten wie Cabernet Blanc oder Sauvignon Blanc sehr spannend. Diese Weine werden regelmäßig prämiert, dabei sind sie kein Standard, sondern etwas Ausgefallenes.

Mit welchem Essen lassen sich diese Weine denn besonders gut kombinieren?
Zum Handkäs geht zum Beispiel ganz klassisch ein trockener Silvaner. Zur Küche unserer portugiesischen Inselbewohner, Stockfisch etwa, passt wunderbar ein nicht ganz trockener Weißwein. Überhaupt muss ich mal sagen, dass wir hier ganz fantastische landwirtschaftliche Produkte haben, wir sind quasi Selbstversorger. Das geht von Spargel über Erdbeeren bis hin zu Champignons. Und wenn die ganz frisch sind ... ein Gedicht!

Was muss ich über die Geschichte der Region wissen?
Wir haben seit fast 1.300 Jahren das Stadtrecht, also schon eine ganze Weile. Der Weinbau geht bei uns auf die Römer zurück, durchdringt also unsere gesamte Geschichte und Kultur.

Wohin geht die Reise in die Zukunft?

Bei der Fläche sind wir am Ende des Wachstums angelangt. Jetzt geht es darum, in der Qualität besser zu werden. Denn am Markt besteht nur, wer gut ist. Auch bei den Rebsorten könnte sich im Zuge des Klimawandels künftig das eine oder andere ergeben. Wir merken das an einem Datum ganz besonders. Am 15. September ist immer unser Winzerfest. Früher begann traditionell danach die Lese. Inzwischen müssen wir deutlich früher anfangen. Außerdem kümmern wir uns verstärkt um junge Kunden. Von Ende September bis Anfang November ist immer unsere Straußwirtschaft geöffnet. Mittwochs machen wir nun immer von 18 bis 22 Uhr eine After-Work-Party. Da bebt die Tanzfläche!

WEINGÜTER, WEINE UND WINZER

Griesel & Compagnie

Grieselstraße 34, 64625 Bensheim,
www.griesel-sekt.de

Niko Brandner ist eines dieser Weinwunderkinder die es schaffen, in kürzester Zeit in die nationale Spitze vorzustoßen. In einem anderen Leben war Brandner Banker. „Aber keiner von denen, die Geld verdienen. Ich war bei einer ganz normalen Feld-, Wald- und Wiesenbank", sagt er und lacht. Spaß machte ihm das damals keinen. „Mein großes Hobby war alles, was gut schmeckt und riecht. Dann kommst du irgendwann ganz automatisch zum Wein", sagt er. Mit 25 Jahren kündigte Brandner bei der Bank, lernte unter anderem bei Rudolf Fürst (Siehe Seite 104) und dem deutschen Sektpionier Volker Raumland. Dort reifte in ihm der Gedanke, es selbst mit Sekt zu versuchen. So fing er im Jahr 2013 bei Griesel & Compagnie an. Das Sekthaus war von der Unternehmerfamilie Streit neu gegründet worden und auf der Suche nach Personal. Brandner begann als Ein-Mann-Betrieb, organisierte die Anfänge noch während seines Studiums an der Weinbauschule Neustadt. Von Anfang an setzte er eher auf die klassischen Champagner-Rebsorten als auf Riesling. Und das mit großem Erfolg. Kaum kamen 2015 die ersten Flaschen auf den Markt, war die Begeisterung der Kunden groß. „Deutscher Sekt in dieser Qualität war damals Mangelware", sagt Brandner. Er setzt bei seinen Weinen eher auf reife Noten und die Prägung durch die Hefe, fast alle Grundweine liegen verhältnismäßig lange im Holz, Frucht kommt nur minimalistisch vor. Je höher die Qualitäten werden, umso geringer wird die Dosage. Dabei sind die Griesel-Sekte nie anstrengend, sondern machen vom Einstiegs- bis zum Topwein durchgehend Spaß.

Rothweiler

Weingut Rothweiler
Berliner Ring 184 (am roten Turm), 64625 Bensheim-Auerbach,
www.weingut-rothweiler.de

Winzer Hanno Rothweiler hat einen unübersehbaren Spieltrieb, der sein Weingut zu einem der ungewöhnlichsten hierzulande macht. Denn zum einen vermählt Rothweiler in der Flasche Rebsorten miteinander, wie es sonst kaum einer tut – Lemberger und Shiraz beispielsweise. Bei den Weißweinen gelingt ihm das auf herausragende Weise bei Weißburgunder und Chardonnay. Beide Rebsorten sind in der Cuvée erkennbar und verschmelzen doch zu einem neuen, wunderbaren Ganzen mit frischer Frucht und feiner Würze. Zum anderen pflanzt der Winzer auf seinen gerade mal sechs Hektar Rebsorten, die man so an der Hessischen Bergstraße kaum vermuten würde. Den bereits erwähnten Shiraz beispielsweise, Gewürztraminer, Cabernet Sauvignon oder Primitivo (!). Letzterer wird gerne als belanglose, leicht süßliche süditalienische Billigvariante in Supermärkten und Discountern angeboten. Mit Rothweilers Primitivo haben diese Weine außer dem Namen nichts gemein. Zwar ist seiner auch charmant und kräftig, überzeugt aber durch gute Struktur und feine Würze.

Das Winzerdasein wurde Rothweiler nicht in die Wiege gelegt. In seiner Familie gab es vor ihm keine Weinbauern. Ihm aber war schon als Jugendlicher klar, dass sein Beruf einmal etwas mit der Natur zu tun haben wird. Und so absolvierte er nach dem Abitur Winzerlehre, die er einige Jahre später als Winzermeister ab-
 s. Seit 2010 ist das Weingut in seinen heutigen Gebäuden
 richt sich immer mehr herum, dass das eine gute Adres-

Schloss Schönberg

Weingut Schloss Schönberg
Grieselstraße 34, 64625 Bensheim, www.schloss-schoenberg.com

Die Weinbautradition auf Schloss Schönberg ist alt, das aktuelle Weingut aber noch recht neu. Seit 2016 wird dort wieder gekeltert. Kellermeisterin Rabea Trautmann macht Tropfen, die von Anfang bis Ende überzeugen und niemals banal werden. Kitschige Fruchtaromen sind ihre Sache nicht, wie beispielsweise der Müller-Thurgau Fumé auf würzige Art beweist. Auch Auerbacher Grau- und Weißburgunder überzeugen mit Kraft und Struktur und sind perfekte Essensbegleiter. Der Knaller des Sortiments aber ist ein Rosé aus der oft stiefmütterlich behandelten Rebsorte Dornfelder. Gerade mal elf Volumenprozent Alkohol bringt der Wein auf die Waage, ist aber alles andere als ein Leichtgewicht, der nur als Aperitif taugt. Im Gegenteil, er macht sich hervorragend als Begleiter zu groben Bratwürsten vom Grill.

Edling

Weingut Edling
Kirchgasse 9, 64380 Roßdorf, www.weingut-edling.de

Beim Weingut Edling wird wirklich jeder fündig. 14 Rebsorten stehen in den Weinbergen des Betriebes, daraus machen Lisa und Werner Edling eine noch deutlich größere Zahl an Weinen, trocken, feinfruchtig, prickelnd, Destillate, Apfelwein. Bei den Weißen gefällt vor allem die frische, fruchtige und unkomplizierte Art. Diese Weine eignen sich perfekt für laue Sommerabende oder gar als Aperitif, zum Beispiel der Gelbe Muskateller. Die Roten sind ebenfalls unkompliziert und süffig, aber etwa beim Spätburgunder zeigen die Winzer, dass sie durchaus auch Weine mit noch höherem Anspruch in die Flasche bringen können. Im März öffnet die gutseigene Winzerstube, und in einer Ferienwohnung kann man direkt auf dem Weingut übernachten.

Weingut der Stadt Bensheim

Weingut der Stadt Bensheim
Darmstädter Straße 6, 64625 Bensheim,
www.weingut-der-stadt-bensheim.de

Seit mehr als 30 Jahren leitet Axel Seiberth das Weingut der Stadt Bensheim, seit 2000 hat er es gepachtet. Viel Zeit, um die Weinberge kennenzulernen und das Beste aus ihnen herauszuholen. Seiberth lässt alle Trauben für seine Weine von Hand lesen und setzt beim Ausbau im Keller auf den biologischen Säureabbau. Das bedeutet, dass im Wein die oft etwas spitz schmeckende Apfelsäure in die mildere Milchsäure umgewandelt wird. Den Weinen von Seiberth bekommt das gut, sie sind allesamt sanft und weich. Das wird besonders beim Riesling diejenigen freuen, denen diese Weine sonst oft zu säurebetont sind. Unbedingt mal den Roten Riesling aus dem Bensheimer Kirchberg probieren.

Schlemmen und Genießen an der Bergstraße/Darmstadt

Bistronauten — Kopernikusstraße 43, 69469 Weinheim,
www.bistronauten.de
Regionale, saisonale Küche, die von kleinen Betrieben aus der Region beliefert wird. Lockere Atmosphäre.

Restaurant Mühlstein — Friedhofstraße 101, 64625 Bensheim,
www.muehlstein-bensheim.de
Idyllisches Anwesen mit feiner Küche, regionalen und internationeln Weinen.

Kaltwassers Wohnzimmer — Obergasse 15, 64673 Zwingenberg,
www.kaltwassers-wohnzimmer.de
Ehrlich, authentisch und urgemütlich.

Bockshaut — Kirchstr. 7-9, 64283 Darmstadt,
Telefon: 0 61 51 / 99 67 0, Internet: *www.bockshaut.de*,
geöffnet: montags bis donnerstags 12 Uhr bis 14 Uhr und 18 Uhr bis 22 Uhr, Fr./Sa. von 12 Uhr bis 14.30 Uhr und 18 Uhr bis 22.30 Uhr, sonn- und feiertags von 12 Uhr bis 15 Uhr sowie von 18 Uhr bis 22 Uhr.
Eine Institution in Darmstadt, seit mehr als 200 Jahren werden die Gäste in unmittelbarer Nähe des Marktplatzes bewirtet. Bei einem Riesling von der Bergstraße lässt es sich angenehm unterm Blätterwerk der Weinreben im Innenhof speisen.

Orangerie Darmstadt — L´Orangerie, Bessunger Str. 44,
64285 Darmstadt,
Telefon: 0 61 51 / 39 66 446, Internet: *www.orangerie-darmstadt.de*.
geöffnet täglich von 12 Uhr bis 14 Uhr und von 18 Uhr bis 22 Uhr.
Im Orangerie-Park steht das historische Gebäude mit lichtem, elegantem Interieur – sehr stilvoll sitzt es sich auch auf der Terrasse sowie in der Lounge. Küche mit deutlich mediterranem Einschlag und für Weinfreunde eine schöne Auswahl guter Tropfen.

Winzerküche für daheim:

Spargel-Eier-Pfanne

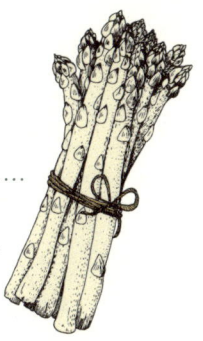

Den weißen Spargel komplett schälen, den grünen nur am Ende und beides dann in mundgerechte Stücke schneiden. Die Kartoffeln in Scheiben schneiden. Die Petersilie waschen, trocknen und grob hacken. Den Schnittlauch putzen und fein schneiden.

Die Eier in einer Schüssel schaumig aufschlagen. Das Mineralwasser zuschütten. Dadurch wird der Eierschaum luftiger.

In einer Pfanne das Rapsöl leicht erhitzen und die Spargelstücke unter vorsichtigem Drehen darin anbraten. Die Kartoffelscheiben zugeben. Den Eierschaum zufügen und unter stetigem Wenden zusammen ausbacken. Gut würzen und zum Schluss die Kräuter unterheben.

Ein einfaches, aber feines Frühlingsgericht, und zusammen mit einem Grauburgunder ein echter Genuss.

Für 2 Portionen

250 g weißer Spargel

250 g grüner Spargel

6-8 gekochte Kartoffeln vom Vortag

4 Stängel glatte Petersilie

½ Bund Schnittlauch

6 Bio-Eier

100 ml Mineralwasser, medium

Kräutersalz

Schwarzer Pfeffer aus der Mühle

Rapsöl zum Anbraten

Hessische Bergstraße, Darmstadt und Umgebung entdecken!

RADFAHREN UND WANDERN

Der Wanderweg **Erlebnispfad Wein und Stein** ist ein Geopfad des Geo-Naturparks Bergstraße Odenwald und präsentiert auf einem befestigten etwa 7 Kilometer langen Rundwanderweg Wissenswertes zu Wein, Rebsorten, Geologie, Klima, Geschichte, Lebenskultur, Flora und Fauna der Region.

Der Großteil des Weges ist mit dem Kinderwagen befahrbar. Für Kinder gibt es das „Vino-Kids-Quiz", einen unterhaltsamen Fragebogen, der während der Wanderung mit Hilfe der Informationen auf den Schautafeln ausgefüllt werden kann.

www.weinundstein.net

Lernen Sie alles über den Weinbau und zu seinen regionalen Besonderheiten auf einem etwa 2 km langen **Weinlehrpfad Groß- Umstadt**. Rebtafeln charakterisieren die in der Lage Umstädter Herrnberg angebauten Sorten, farbige Glastafeln geben einen Eindruck der Weinfarbe im Glas, und Pulttafeln stellen ergänzend Themen aus den Bereichen Weinbau, Geologie, Geografie, Geschichte, Naturschutz und Ökologie vor.

www.gross-umstadt.de/weinlehrpfad

Eine Übersicht organisierter Weinwanderungen findet sich hier:

www.weinwanderung.net/hessische-bergstrasse

FÜHRUNGEN UND VERKOSTUNG

Freitags von 17 bis 18.30 Uhr können Sie an einer Führung durchs **Heppenheimer Viniversum** teilnehmen. Dabei erkunden Sie den Holzfasskeller und bekommen eine Multimediashow zu sehen. Im Anschluss werden drei Weine verkostet. Jeden ersten Freitag im Monat findet zudem eine Themenweinprobe statt. Sie kostet zehn Euro pro Person, eine Anmeldung ist nötig.
www.viniversum.de

Die **Odenwälder Winzergenossenschaft** bietet ganzjährig Weinlagenwanderungen, Weinproben, Kellerführungen und Weinbergsplanwagenfahrten an.
www.vinum-autmundis.de/veranstaltungen

Individuelle Führungen, Verkostungen, Touren und Wanderungen können auf folgenden Websites gebucht werden:
www.wine-e-motions.de | www.bergsweintours.de | www.diebergstrasse.de/wein-und-genuss/wein-erleben

VERANSTALTUNGEN

Immer am ersten Wochenende im September ist die Wilhelminenstraße Schauplatz des **Darmstädter Weinfestes**. Dort präsentieren sich von Donnerstag bis Sonntag Winzer aus sechs unterschiedlichen Anbauregionen sowie Gastronomen aus Darmstadt und Umgebung.
www.darmstadt-weinfest.de

Das **Bergsträßer Winzerfest** in Bensheim beginnt jedes Jahr am Samstag vor dem ersten Sonntag im September. An neun Tagen können rund 160 Weine aus allen Bergsträßer Weinlagen verkostet werden.
www.verkehrsverein-bensheim.de

Beim **Umstädter Winzerfest** Mitte September können die ausgezeichneten Weine der „Odenwälder Weininsel" verkostet werden.
www.umstaedter-winzerfest.de

Nahe
Zahlen, Daten, Fakten

Die Nahe wurde erst 1971 zu einem eigenständigen Weinbaugebiet erklärt. Sowohl Klima als auch Böden wechseln dauernd, und so sind die Weine enorm vielfältig. Die untere Nahe (die hier im Buch behandelt wird) erstreckt sich von der Mündung in den Rhein bei Bingen bis Bad Kreuznach. Dort dominieren Verwitterungsböden und von Ton überlagerte Schichten aus Sandstein, Löss und Lehm.

Vielfältig wie Böden und Klima sind auch die Rebsorten. Mit 75 Prozent sind die weißen Sorten stark vertreten, es dominiert der Riesling mit knapp 30 Prozent. Gefolgt wird er von Müller-Thurgau und Dornfelder, dann kommen Grau- und Weißburgunder und erst auf Platz sechs kommt mit nicht einmal sieben Prozent der Spätburgunder.

(Quelle: Deutsche Weine – Seminarhandbuch, Hrsg.: DWI, Mainz 2017)

Riesling

WEINGÜTER, WEINE UND WINZER

Schlossgut Diel

Schlossgut Diel
Burg Layen 16–17, 55452 Rümmelsheim / Burg Layen, www.diel.eu

Das Schlossgut Diel ist eines der besten Weingüter Deutschlands und international sicher eines der vielfältigsten Spitzenweingüter. Denn man findet nur sehr selten bei Betrieben dieser Größe – Diel verfügt über 25 Hektar – ein derartig umfangreiches Sortiment in einer so konstant hohen Qualität. Von trockenen Einstiegsweinen bis hin zu Auslesen verfallen Kritiker regelmäßig in Schnappatmung. Trotzdem sei eine Empfehlung abgegeben: Wer mal wissen möchte, zu was trockener Riesling von der Nahe fähig sein kann, der gönne sich eine Flasche Dorsheimer Goldloch Großes Gewächs.

Armin Diel und seine Frau Monika legten einst den Grundstein für den heutigen Erfolg. Sie setzten konsequent auf Riesling und Burgunderrebsorten und taten alles, um die Qualitäten zu steigern. Seit ein paar Jahren wird das Gut von Caroline Diel geleitet. Die 1980 geborene Winzerin wollte eigentlich erst ins Hotelgeschäft einsteigen. Doch während erster Praktika entschied sie sich doch für eine Winzerinnenkarriere. Die Liste der Stationen, die sie vor und während ihres Studiums in Geisenheim absolvierte, liest sich wie ein Who is Who der Weinwelt: Château Pichon-Lalande, Robert Weil, Rebholz, Ruinart oder Domaine de la Romanée-Conti sind nur ein paar.

Kruger-Rumpf

Weingut Kruger-Rumpf
Rheinstraße 47, 55424 Münster-Sarmsheim, www.kruger-rumpf.com

Da muss man gar nicht lange drumherum reden: Kruger-Rumpf zählt zu den besten Weingütern Deutschlands. Bereits die Einstiegsweine sind ganz großes Kino. Und wenn es dann an die Großen Gewächse geht, kommt man aus dem Schwärmen so schnell nicht mehr heraus. Das war nicht immer so. In den 1980er Jahren „stand der Betrieb so mit dem Rücken zur Wand, er hätte nicht mehr umfallen können", sagt Georg Rumpf. Er führt das Weingut gemeinsam mit seinem Bruder Philipp. Im Besitz der Familie ist es bereits seit Generationen, der Vater der beiden Brüder allerdings war der erste, der den Weinbau ernst nahm. Stefan Rumpf wurde nicht Ingenieur wie seine Vorfahren, er studierte Agrarwissenschaften und „wollte es richtig machen", wie sein Sohn sagt. Das war die Zeit, zu der die Kunden auf saubere, frische und fruchtige Weine standen. Vorbild waren die USA. „Das war damals neu und kam sehr gut an", sagt Georg Rumpf. Es ging aufwärts mit dem Weingut, Anfang der 1990er Jahre kam die Aufnahme in den renommierten VDP. Zuletzt war es dann etwas ruhiger geworden um Kruger-Rumpf. „Da wusste jeder, wie die technisch sauberen Weine gehen", sagt Rumpf. Das Alleinstellungsmerkmal, die Innovation, war verschwunden. Das hat sich in den vergangenen Jahren wieder deutlich geändert. Rumpf arbeitet im Keller nun weniger technisch. Er setzt auf den Einsatz von neutralem Holz und Spontangärung. Trotzdem sind die Weine nie anstrengend oder verkopft. „Wein soll nachvollziehbar sein und muss schmecken", sagt Rumpf. Absolute Empfehlung ist die Riesling Spätlese „Im Pitter-

berg". Auch gut zu wissen: Der Gutsausssschank gehört unbestritten zu den schönsten der ganzen Region, übernachten kann man auf dem Weingut auch.

Honrath

Weingut Honrath
Obere Grabenstraße 2, 55450 Langenlonsheim,
www.weingut-honrath.de

Obwohl das Weingut Honrath inzwischen von allen bedeutenden Weinführern Deutschlands ausgezeichnet ist, hat es sich den Status eines Geheimtipps bewahrt. Das mag daran liegen, dass die Honraths nur knapp sieben Hektar bewirtschaften und gerade mal 45.000 Flaschen pro Jahr keltern. Auf drei Viertel der Weinberge wachsen weiße Sorten, der Riesling spielt die Hauptrolle. Die Weine sind schlank und geradlinig. Die Säure ist prägnant, das bringt ein gutes Reifepotential mit sich. Im gutseigenen Gästehaus kann man übernachten. Für Gruppen ab sechs Personen gibt es ein Weinerlebnis im Angebot: eine Weinprobe inklusive zwei Übernachtungen.

Im Zwölberich

Weingut Im Zwölberich
Schützenstraße 14, 55450 Langenlonsheim, www.zwoelberich.de

Das Weingut Im Zwölberich ist ein perfekter Ort, um herausragenden Wein ganzheitlich mit allen Sinnen zu erfassen. Seit mehr als einem Vierteljahrhundert wird dort Biowein erzeugt und da der Inhaber Hartmut Heintz gerne das Warum erklärt, nimmt er Besucher nach Voranmeldung mit in seine Weinberge. In Zusammenarbeit mit dem Schloss Freudenberg in Wiesbaden bietet Heintz zudem Weinproben in absoluter Dunkelheit an. Das Sortiment des mit 33 Hektar nicht gerade kleinen Betriebes ist breit gefächert mit Exoten wie Auxerrois, einem herausragenden Orange-Wine und exzellentem Sekt. Im Zwölberich garantiert für alle Weine bei korrekter Aufbewahrung eine Lagerfähigkeit von sieben Jahren.

Schweinhardt

Weingut Bürgermeister Schweinhardt,
Heddesheimer Straße 1, 55450 Langenlonsheim,
www.schweinhardt.de

Statt lange Reden zu schwingen, nimmt Axel Schweinhardt seine Kunden lieber mit in die Weinberge. „Die vielen unterschiedlichen Böden kann ich draußen viel besser erklären", sagt der Winzer. „Wenn die Menschen es sehen, dann begreifen sie die Unterschiede und was sie im Wein ausmachen viel besser, als wenn wir im Weingut an einem Probiertisch stehen." Schweinhardt macht etwa 65 Prozent Riesling, weniger als zehn Prozent sind roten Sorten vorbehalten. Der Winzer sucht in seinen Weinen stets die Harmonie. Säure- und Zuckerwerte halten sich stets bei um die fünf, sechs Gramm die Waage. Nur wenige von Schweinhardts Weinen kosten ab Hof mehr als zehn Euro, davon sind sie aber jeden Cent wert. Hier gibt es viel Wein fürs Geld.

Tesch

Weingut Tesch
Naheweinstraße 99, 55450 Langenlonsheim, www.weingut-tesch.de

Wer endlich mal verstehen möchte, was die Weinfachleute meinen, wenn sie vom Einfluss des Bodens auf den Wein und von Terroir reden, der sollte das Weingut Tesch besuchen. Denn Winzer Martin Tesch baut kompromisslos fünf Lagenweine aus. So lässt sich wunderbar vergleichen, wie ein Riesling vom lehmigen Boden im Vergleich zu Kalkstein mit Löss oder rotem Sandstein oder Vulkanverwitterungsboden schmeckt. Alle Trauben, die nicht perfekt genug für die Lagenweine sind, landen in Teschs Riesling „Unplugged". Dieser immer noch herausragend gute Wein wird inzwischen in 25 Länder verkauft. Und wer nicht so auf Riesling steht, für den gibt es im Weingut ein bisschen Spätburgunder und Weißburgunder.

Göttelmann

Weingut Göttelmann
Rheinstraße 77, 55424 Münster-Sarmsheim,
www.goettelmann-wein.de

Der Familie Blessing gehören Weinberge in allerbesten Lagen rund um Münster-Sarmsheim. Wer da nun heraushört, dass die Weine vom Weingut Göttelmann teuer und anspruchsvoll sind, der liegt falsch. Hier gibt es herausragend gute Tropfen zu guten Preisen. Natürlich sind Rieslinge die Paradedisziplin, vollmundig, würzig und dabei wunderbar trinkig. Aber man wird hierzulande lange, sehr lange suchen müssen, um einen vergleichbar guten und preiswerten Chardonnay zu finden wie den „Münsterer Chardonnay". Fast alle Weine kann man in der zum Betrieb gehörenden Weinstube direkt zum Essen bestellen. Geöffnet ist ab Mitte März, es gibt herzhafte Kleinigkeiten.

Montigny

Weingut S.J. Montigny
In den zehn Morgen 41, 55559 Bretzenheim,
www.weingut-montigny.de

Ein Weingut, das von vorne bis hinten Spaß macht. Als Einstieg zum Beispiel mit dem aus Solaris gekelterten „So mookt wi dat", dessen Reben auf zwei Hektar in Schleswig-Holstein stehen. Halbtrocken und voller Pfiff, exzellenter Aperitif oder Begleiter zu Meeresfrüchten oder Käse. Aber auch alle Weine, die Steffen Montigny aus seinen 37 Hektar an der Nahe keltert, stellen jeden Weinliebhaber zufrieden. Zum einen sind sie fast schon unverschämt günstig, zum anderen charmieren sie nicht mit banalen Fruchtaromen herum. Schon in der Basiskategorie arbeitet Montigny deutlich Würze, Struktur und straffe Säure heraus. Das macht die Weine zu tollen Essensbegleitern. Im Weinberg legt der Winzer Wert auf penible Arbeit. „Wir sind schon seit zwei Jahren Partnerbetrieb Naturschutz", sagt er. „Das ist ein Programm des Landes Rheinland-Pfalz. Wir nutzen Herbizide nur noch dort, wo es anders nicht geht, arbeiten mit Begrünung, Blühstreifen, haben ein Bienenhaus gebaut und Steinhaufen errichtet. Und demnächst lassen wir uns auch bio zertifizieren."

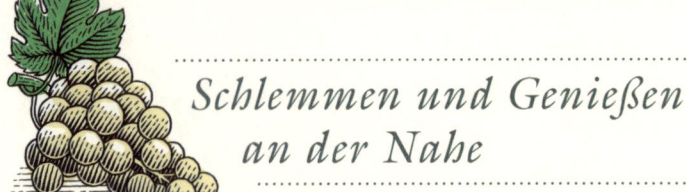

Schlemmen und Genießen an der Nahe

Landgasthof Zur Traube — Sobernheimer Straße 2, 55566 Meddersheim bei Bad Sobernheim,
Telefon: 0 67 51 / 95 03 82, Internet: *www.langendorfstraube.de*, geöffnet donnerstags bis sonntags von 12 bis 14 Uhr und ab 18 Uhr.
Ländlicher Gasthof wie aus dem Bilderbuch mit delikater Regionalküche und guter Weinkarte!

Gutsausschank im Weingut Wilhelm Sitzius —
Naheweinstraße 87, 55450 Langenlonsheim, Internet: *www.sitzius.com*
Mal regionaltypisch, mal mediterran angehaucht, aber auch leicht oder deftig – alles passt bestens zu den gutseigenen Weinen.

Im Gütchen — Höffelsheimerstrasse 1, 55545 Bad Kreuznach,
Internet: *www.im-guetchen.com*
Saisonale Speisekarte mit Produkten aus der Region, mediterrane Klassiker und internationale Gerichte.

Im Kittchen — Alte Poststraße 2, 55545 Bad Kreuznach,
Telefon: 06 71 / 9 20 08 11
Klein und gemütlich mit gehobener Küche und sehr guter Weinkarte.

Restaurant & Vinothek Hermannshöhle — Hermannshöhle 1, 55585 Niederhausen, Telefon: 0 67 58 / 64 86, Internet: *www.hermannshoehle-weck.de*
Ein wunderschöner Wohlfühlort am Ufer der Nahe. Exzellente Küche und Weinauswahl.

Winzerküche für daheim:

Frühlingsmakkaroni mit jungem Blattspinat

Spinat putzen und waschen. Zwiebel und Knoblauch schälen und fein würfeln. Tomaten waschen, halbieren und den Stielansatz wegschneiden. Den Spinat in kochendes Salzwasser geben, kurz zusammenfallen lassen und sofort in einem Sieb unter ganz kaltem Wasser abschrecken. Die Makkaroni in kochendem Salzwasser bissfest garen. Mit einem Sieb herausnehmen (nicht abschrecken!). Etwas von dem Nudelwasser aufheben. Dann in einer großen Pfanne Olivenöl erhitzen, Zwiebeln darin glasig dünsten und den Knoblauch zufügen. Anschließend Blattspinat zugeben und ein paarmal alles zusammen wenden. Die Tomatenstückchen unterheben, alles kräftig mit Pfeffer, Paprika und Salz würzen und zum Schluss die Makkaroni zufügen. Die aufgefangene Flüssigkeit bei Bedarf hinzugießen.

Für 2 Portionen

500 g junger Blattspinat
2 Zwiebeln
2 Knoblauchzehen
400 g kleine Kirschtomaten
400 g Makkaroni
Salz
4 EL Olivenöl
Schwarzer Pfeffer aus der Mühle
1 TL Paprika, edelsüß
50 g Parmesankäse, frisch gehobelt
2 Zweige glatte Petersilie, fein gehackt

Alles in eine große Schüssel geben und mit Parmesan und Petersilie bestreuen.

Dazu genießt man am besten einen Riesling.

Nahe und Umgebung entdecken!

RADFAHREN UND WANDERN

Der **Weinwanderweg Rhein-Nahe** verläuft auf knapp 100 Kilometern von Kirn an der Nahe nach Bingen am Rhein. Der größte Teil der Strecke liegt im Naturpark Soonwald-Nahe.
www.naheland.net

Rund um Langenlonsheim führt auf knapp 17 Kilometern die **Vitaltour Wald, Wein & Horizonte**. Die Strecke führt durch die schönsten Weinbergslagen und zu herrlichen Aussichtspunkten.
www.langenlonsheim.net

Der **Nahe-Radweg** erstreckt sich von der Quelle am Bostalsee im Saarland bis zur Mündung bei Bingen in den Rhein. Auf 130 Kilometern führ er mal über knackige Steigungen, mal durch die Landschaft abseits des Flusses, mal durch die Weinberge.
www.naheradweg.de

Eine Übersicht organisierter Weinwanderungen findet sich hier:
www.weinwanderung.net/nahe

FÜHRUNGEN UND VERKOSTUNGEN

In der Gebietsweinvinothek **Nahe.Wein.Vinothek** in Bad Kreuznach gibt es rund 150 Weine aus der Region zu verkosten und zu kaufen, 50 davon sind jeweils im offenen Ausschank. Die Bandbreite der Weingüter geht von etablierten VDP-Betrieben bis hin zu Geheimtipps und jungen aufstrebenden Winzern. 50 Winzer stellen jeweils drei Weine aus ihrem

Sortiment vor. Dazu gibt es wöchentlich wechselnde warme Speisen sowie Tapas.
www.nahe-vinothek.de

Die Touristinformationen in **Bad Kreuznach** und **Bad Münster am Stein-Ebernburg** bieten Weinbergführungen mit dem Winzer und natürlich Verkostungen an.
www.bad-kreuznach-tourist.de und www.bad-muenster-am-stein.de

VERANSTALTUNGEN
In den Monaten Juli und August finden an der Nahe einige Veranstaltungen rund um den Wein statt. Besonders an junge Leute richten sich **Rebenbeben**, **Nah(e)bar** und das **Nahegelage**.
www.komm-naeher.com

Ende April findet der **Bad Kreuznacher Weinfrühling** auf der Roseninsel statt – einer bezaubernden Parklandschaft.

Das **Bad Kreuznacher Weinfestival** im Kurpark Bad Kreuznach – immer am ersten Juni-Wochenende (Freitag/Samstag) und **Wein im Park** in Bad Münster am Stein-Ebernburg – immer am letzten Juli-Wochenende (Freitag–Sonntag) bieten ebenfalls die beste Gelegenheit, Weine der Region kennenzulernen.
www.bad-kreuznach-tourist.de

Eine Gruppe junger Winzer hat sich zu den **Naheweinrebellen** zusammengeschlossen. Sie machen lockere, gemeinsame öffentliche Veranstaltungen.
www.naheweinrebellen.de

Informationen zu Weinfesten und Veranstaltungen finden sich auch online unter:
www.weinland-nahe.de | www.bad-kreuznach-tourist.de

RheinMainCard

Für kleines Geld kreuz und quer durch die Region!

Ermäßigung auf mehr als **70** Attraktionen

Bus und Bahn inklusive

Information:
www.frankfurt-rhein-main.de/rmc
#visitrhinemain

Region
FrankfurtRheinMain

Index

Rheingau

Barth	29
Dr. Corvers-Kauter	31
Diefenhardt	35
Georg Breuer	38
Künstler	41
Peter Jakob Kühn	43
Kloster Eberbach	44
Balthasar Ress	46
Kaufmann	49
Schloss Vollrads	50
Schloss Johannisberg	51
Schloss Reinhartshausen	52
Baron Knyphausen	54
Crass	56
Jung Dahlen	58
Schloss Schönborn	59
Keßler	60
Kaspar Herke	61
Johannishof	61
Freimuth	62
Sektkellerei Ohlig	63
Laquai	64
J.B. Becker	65
Chat Sauvage	65
August Kesseler	66
Leitz	67
Spreitzer	69
Robert Weil	69
Wegeler	70
Fritz Allendorf	72
Joachim Flick	72
Prinz von Hessen	73
Wurm	74

Rheinhessen

Eberle-Runkel	92
Zehnthof Knewitz	93
Knewitz	93
Bettenheimer	94
Gres	95
Hofmann	95
Franz	96
Bernhard	98
Beck Hedesheimer Hof	100
Eppelmann	101
Wagner	102
Huff-Doll	102
Braunewell	103

Churfranken

Rudolf Fürst	121
Benedikt Baltes	122
Burkhardt Schür	123
Giegerich	125
Josef Walter	126
Stich – Im Löwen	127
Sturm	127

Hessische Bergstraße

Griesel & Compagnie	142
Rothweiler	143
Schloss Schönberg	145
Edling	145
Weingut der Stadt Bensheim	146

Nahe

Schlossgut Diel	156
Kruger-Rumpf	157
Honrath	159
Im Zwölberich	159
Schweinhardt	160
Tesch	161
Göttelmann	161
Montigny	162

RHEIN-MAIN-VERKEHRSVERBUND

1 Anruf
2 Freunde
4 Gläser Wein

**Mehr Nacht erleben,
jetzt mit dem RMV.**

**Von spät bis früh –
in Frankfurt und der Region.**

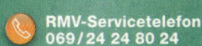 RMV-Servicetelefon
069/24 24 80 24

 www.rmv.de/nacht

 @RMVdialog

Ansprechpartner vor Ort

Bad Kreuznach
Tourist-Information
Kurhausstraße 22-24
(Haus des Gastes)
55543 Bad Kreuznach
Telefon: +49 (0) 671 - 83600 50
E-Mail: info@bad-kreuznach-tourist.de
www.bad-kreuznach-tourist.de

Bergstraße-Odenwald
Odenwald Tourismus GmbH
Marktplatz 1
64720 Michelstadt
Telefon: +49(0) 6061 – 96 59 70
E-Mail: info@tourismus-odenwald.de
www.tourismus-odenwald.de

Bingen am Rhein
Tourist-Information Bingen
Rheinkai 21
55411 Bingen am Rhein
Telefon: +49 (0) 6721 - 18 42 01
E-Mail: tourismus@bingen.de
www.bingen.de

Darmstadt
Darmstadt Shop – Touristinformation
Luisenplatz 5
64283 Darmstadt
Telefon: +49 (0) 6151 – 13 45 13
E-Mail: information@darmstadt.de
www.darmstadt-tourismus.de

Frankfurt am Main
Tourist Information Hauptbahnhof
Hauptbahnhof, Empfangshalle
60329 Frankfurt

Tourist Information Römer
Römerberg 27
60311 Frankfurt am Main
Telefon: +49(0) 69 – 21 23 88 00
E-Mail: info@infofrankfurt.de
www.frankfurt-tourismus.de

Main-Taunus-Kreis
Am Kreishaus 1-5
65719 Hofheim
Telefon: +49(0) 6192 - 20 11 33 5
E-Mail: tourismus@mtk.org
www.mtk.org

Mainz
Tourist Service Center
Brückenturm / Rheinstraße 55
55116 Mainz
Telefon: +49(0) 6131 – 24 28 88
E-Mail: tourist@mainzplus.com
www.mainz-tourismus.com

Kreis Offenbach
Werner-Hilpert-Straße 1
63128 Dietzenbach
Telefon: +49(0) 6074 – 81 800
E-Mail: info@kreis-offenbach.de
www.kreis-offenbach.de

Rheingau
Rheingau-Taunus Kultur &
Tourismus GmbH
Haus der Region
Rheinweg 30
65375 Oestrich-Winkel
Telefon: +49(0) 6723 – 60 27 20
E-Mail: info@rheingau.com
www.rheingau.com

Rüdesheim am Rhein
Tourist Information
Rheinstraße 29a
65385 Rüdesheim am Rhein
Telefon: +49(0) 6722 – 90 61 50
E-Mail: touristinfo@ruedesheim.de
www.ruedesheim.de

Spessart-Mainland
Tourismusverband
Spessart-Mainland e.V.
Industriering 7
63868 Großwallstadt
Telefon: +49(0) 6022 – 26 10 20
E-Mail: info@spessart-mainland.de

Wiesbaden
Wiesbaden Tourist Information
Marktplatz 1
65183 Wiesbaden
Telefon: +49(0) 611 – 17 29 93 0
E-Mail: tourist-service@wiesbaden-marketing.de
www.wiesbaden.de/tourismus

Bildnachweis

Agentur Paavo Blofield: S. 141
Wolfgang Blum: S. 55
Deutsches Weininstitut (DWI): S. 45, 73, 76, 82, 87, 91, 116, 120, 135, 154, 155, 158, 163, 165, 169
Adriano Einberger: S. 137
Faber: S. 28
Filmagentur Rheingau: S. 34
Fotolia: S. 152/153
Franken Tourismus/Andreas Hub: S. 124
Hans-Jürgen Heyer: S. 144
Dominik Ketz Photography: S. 84/85
Holger Leue: S. 114/115
Salome Roessler: S. 13
Rüdesheimer Tourist AG/Marlis Steinmetz: S. 39, 62
Rüdesheimer Tourist AG/Karlheinz Walter: S. 42
Rudolf Tack: S. 100, 112
#vistfrankfurt, Holger Ullmann: S. 8, 15
VDP.Die Prädikatsweingüter: S. 27, 47
Weingut Diefenhardt: S. 37, 40, 56, 57
Albrecht-Matthias Wendlandt: S. 79, 109, 148, 166
Rudolf Wichert Photography: S. 99

Grafiken: shutterstock.com
Rheingau-Karte: Societäts-Verlag / openstreetmap und Mitwirkende

Wir haben uns bemüht, die Inhaber der Urheber- und Nutzungsrechte für die Abbildungen zu ermitteln und deren Veröffentlichungsgenehmigung einzuholen. Falls dies in einzelnen Fällen nicht gelungen sein sollte, bitten wir die Inhaber der Rechte, sich an den Verlag bzw. den Autor zu wenden. Berechtigte Ansprüche werden selbstverständlich abgegolten.

Der Verlag dankt Usch von der Winden für die Genehmigung des Abdrucks von Rezepten aus ihrem aktuellen Titel „Rheingau lecker" auf den Seiten 17, 79, 108, 149 und 167, erschienen im Societäts-Verlag, 2019